MARCUS TULLIUS CICERO

Rede für Sextus Roscius aus Ameria

LATEINISCH UND DEUTSCH

ÜBERSETZT UND HERAUSGEGEBEN
VON GERHARD KRÜGER

PHILIPP RECLAM JUN. STUTTGART

Universal-Bibliothek Nr. 1148

Satz: Grafische Kunstanstalt Walter Huber, Ludwigsburg
Druck und Bindung: Reclam, Ditzingen
Printed in Germany 2002

ISBN 3-15-001148-5

www.reclam.de

M. Tulli Ciceronis
pro Sex. Roscio Amerino oratio

M. Tullius Ciceros Rede
für Sextus Roscius aus Ameria

1 (1) Credo ego vos, iudices, mirari quid sit quod, cum tot summi oratores hominesque nobilissimi sedeant, ego potissimum surrexerim, is qui neque aetate neque ingenio neque auctoritate sim cum his qui sedeant comparandus. Omnes hi quos videtis adesse in hac causa iniuriam novo scelere conflatam putant oportere defendi, defendere ipsi propter iniquitatem temporum non audent. Ita fit ut adsint propterea quod officium sequuntur, taceant autem idcirco quia periculum vitant. (2) Quid ergo? audacissimus ego ex omnibus? Minime. An tanto officiosior quam ceteri? Ne istius quidem laudis ita sum cupidus ut aliis eam praereptam velim. Quae me igitur res praeter ceteros impulit ut causam Sex. Rosci reciperem? Quia, si qui istorum dixisset quos videtis adesse, in quibus summa auctoritas est atque amplitudo, si verbum de re publica fecisset, id quod in hac causa fieri necesse est, multo plura dixisse quam dixisset putaretur. (3) Ego autem si omnia quae dicenda sunt libere dixero, nequaquam tamen similiter oratio mea exire atque in volgus emanare poterit. Deinde quod ceterorum neque dictum obscurum potest esse propter nobilitatem et amplitudinem neque temere dicto concedi propter aetatem et prudentiam. Ego si quid

1 (1) Wahrscheinlich wundert ihr euch, ihr Richter, wie es kommt, daß ausgerechnet ich mich erhoben habe, da doch so viele Redner von Rang und Männer des höchsten Adels auf ihren Plätzen sitzen geblieben sind: ich, der ich mich an Alter, Redetalent oder politischem Gewicht mit diesen Männern, die sitzen geblieben sind, nicht vergleichen kann. Alle, die ihr hier bei diesem Prozesse anwesend seht, halten es zwar für recht und billig, ein mit unerhörter Skrupellosigkeit ausgehecktes Unrecht abzuwehren, aber es selbst abzuwehren wagen sie wegen der Ungunst der Zeitumstände nicht. So erklärt sich ihre Anwesenheit aus ihrem Wunsch, einer Verpflichtung nachzukommen, ihr Schweigen aus dem Bemühen, der Gefahr aus dem Wege zu gehen. (2) Wie? Da bin ich also der Mutigste von allen? Keineswegs. Oder bin ich um so viel pflichtbewußter als die anderen? Nicht einmal auf dieses Lob bin ich so sehr versessen, daß ich es anderen entrissen sehen möchte. Was also hat mich mehr als die anderen veranlaßt, die Verteidigung des Sextus Roscius zu übernehmen? Nun dies: wenn einer von den höchst einflußreichen und angesehenen Männern, die ihr hier anwesend seht, gesprochen und, wie es in diesem Prozeß unvermeidlich ist, auch nur ein einziges Wort über die politischen Verhältnisse verloren hätte, dann würde man glauben, er habe viel mehr gesagt, als er in Wirklichkeit gesagt hätte. (3) Wenn ich dagegen alles, was gesagt werden muß, freiheraus sage, dann wird meine Rede doch keineswegs in gleicher Weise bekannt werden und sich in der Öffentlichkeit verbreiten können. Außerdem kann bei den anderen wegen ihrer Zugehörigkeit zum Adel und ihres Ansehens kein Wort verborgen bleiben; auch kann man über eine unbedachte Äußerung von ihnen wegen ihres Alters und ihrer Klugheit nicht hinweggehen. Doch wenn ich mich einmal zu frei äußere,

liberius dixero, vel occultum esse propterea quod nondum ad rem publicam accessi, vel ignosci adulescentiae meae poterit; tametsi non modo ignoscendi ratio verum etiam cognoscendi consuetudo iam de civitate sublata est. (4) Accedit illa quoque causa quod a ceteris forsitan ita petitum sit ut dicerent, ut utrumvis salvo officio se facere posse arbitrarentur; a me autem ei contenderunt qui apud me et amicitia et beneficiis et dignitate plurimum possunt, quorum ego nec benivolentiam erga me ignorare nec auctoritatem aspernari nec voluntatem neglegere debebam. 2 (5) His de causis ego huic causae patronus exstiti, non electus unus qui maximo ingenio sed relictus ex omnibus qui minimo periculo possem dicere, neque uti satis firmo praesidio defensus Sex. Roscius verum uti ne omnino desertus esset.

Forsitan quaeratis qui iste terror sit et quae tanta formido quae tot ac talis viros impediat quo minus pro capite et fortunis alterius quem ad modum consuerunt causam velint dicere. Quod adhuc vos ignorare non mirum est, propterea quod consulto ab accusatoribus eius rei quae conflavit hoc iudicium mentio facta non est. (6) Quae res ea est? Bona patris huiusce Sex. Rosci quae sunt sexagiens, quae de viro fortissimo et clarissimo L. Sulla, quem honoris causa nomino, duobus milibus nummum sese dicit emisse adulescens vel potentissimus hoc tempore nostrae civitatis, L. Cornelius Chrysogonus. Is a vobis,

dann braucht es nicht in die Öffentlichkeit zu dringen, weil ich mich noch nicht in der Politik betätigt habe;[1] oder man kann es meinem jugendlichen Alter nachsehen, mag auch in unserem Staate nicht nur das Verhalten der Nachsicht, sondern auch das normale Verfahren der gerichtlichen Untersuchung abhanden gekommen sein. (4) Hinzu kommt auch noch der Grund, daß man die anderen vielleicht in der Weise gebeten hat, die Verteidigung zu übernehmen, daß sie glaubten, annehmen oder ablehnen zu können, ohne ihre Pflicht zu verletzen; mich aber haben Männer gedrängt, die durch ihre Freundschaft, durch ihre Gefälligkeiten und ihr Ansehen auf mich größten Einfluß haben; über ihr mir bewiesenes Wohlwollen durfte ich weder hinwegsehen noch das Gewicht ihrer Persönlichkeit mißachten, noch ihren Wunsch unbeachtet lassen. 2 (5) Aus diesen Gründen bin ich in diesem Prozeß als Verteidiger aufgetreten: dabei bin ich nicht vor allen anderen auserwählt, als ob ich mit dem größten Geschick sprechen könnte, sondern ich bin von allen übriggeblieben, da ich mit dem geringsten Risiko reden kann, so daß Sextus Roscius zwar keinen Schutz zu seiner Verteidigung erhält, der stark genug ist, er aber doch nicht ganz im Stich gelassen ist.

Vielleicht fragt ihr, welcher Druck von außen und welch mächtige Angst so viele bedeutende Männer davon abhält, für Leben und Vermögen eines Mitmenschen sich so, wie sie es sonst gewohnt sind, vor Gericht einzusetzen. Daß ihr darüber noch im dunklen tappt, ist nicht verwunderlich, weil die Ankläger absichtlich den Umstand, der diesen Prozeß veranlaßte, mit keinem Wort erwähnt haben. (6) Welches ist dieser Umstand? Es ist der Besitz des Vaters dieses Sextus Roscius hier, der sechs Millionen Sesterzen wert ist. Diesen von dem heldenhaften und erlauchten L. Sulla, den ich nur nenne, um ihn zu ehren, für 2000 Sesterzen gekauft zu haben, behauptet ein junger Mann, der im Augenblick in unserem Staat wohl der mächtigste ist, L. Cornelius Chryso-

iudices, hoc postulat ut, quoniam in alienam pecuniam tam plenam atque praeclaram nullo iure invaserit, quoniamque ei pecuniae vita Sex. Rosci obstare atque officere videatur, deleatis ex animo suo suspicionem omnem metumque tollatis; sese hoc incolumi non arbitratur huius innocentis patrimonium tam amplum et copiosum posse obtinere, damnato et eiecto sperat se posse quod adeptus est per scelus, id per luxuriam effundere atque consumere. Hunc sibi ex animo scrupulum qui se dies noctesque stimulat ac pungit ut evellatis postulat, ut ad hanc suam praedam tam nefariam adiutores vos profiteamini.

(7) Si vobis aequa et honesta postulatio videtur, iudices, ego contra brevem postulationem adfero et, quo modo mihi persuadeo, aliquanto aequiorem. 3 Primum a Chrysogono peto ut pecunia fortunisque nostris contentus sit, sanguinem et vitam ne petat; deinde a vobis, iudices, ut audacium sceleri resistatis, innocentium calamitatem levetis et in causa Sex. Rosci periculum quod in omnis intenditur propulsetis. (8) Quod si aut causa criminis aut facti suspicio aut quaelibet denique vel minima res reperietur quam ob rem videantur illi non nihil tamen in deferendo nomine secuti, postremo si praeter eam praedam quam dixi quicquam aliud causae inveneritis, non recusamus quin illorum libidini Sex. Rosci vita dedatur. Sin aliud agitur nihil nisi ut eis ne quid desit quibus satis

gonus. Dieser verlangt von euch, ihr Richter, da er ohne jedes Recht ein so großes und ansehnliches Vermögen eines anderen an sich gebracht hat und da er nun der Meinung ist, daß dem ungetrübten Genuß dieses Vermögens nur das Leben des Sextus Roscius noch im Wege steht und hinderlich ist, aus seinem Herzen jeglichen Stachel des Argwohns und der Furcht zu entfernen; denn er glaubt nicht, daß er, solange Sextus Roscius noch am Leben ist, den so großen und stattlichen Besitz dieses unschuldigen Mannes behalten kann; ist Roscius aber verurteilt und verbannt, so hofft er, was er auf dem Wege des Verbrechens errungen hat, in Schwelgerei verschleudern und verprassen zu können. Diesen Stachel, der ihn Tag und Nacht quält und sticht, sollt ihr ihm aus dem Herzen herausreißen; deshalb fordert er, daß ihr euch bei dieser Beute, die er auf so frevelhafte Weise in seinen Besitz gebracht hat, als Helfershelfer erklärt.

(7) Wenn euch eine solche Forderung als billig und anständig erscheint, ihr Richter, dann stelle ich eine Gegenforderung, die bescheiden und, wie ich überzeugt bin, um einiges billiger ist. 3 Erstens verlange ich von Chrysogonus, daß er sich mit unserem Hab und Gut zufriedengibt und nicht Blut und Leben verlangt. Zweitens verlange ich von euch, ihr Richter, daß ihr euch dem verbrecherischen Plan verwegener Gesellen widersetzt, das Unglück Unschuldiger lindert und bei dem Prozeß gegen Sextus Roscius die Gefahr abwendet, die sich gegen alle richtet. (8) Wenn nun ein Grund für die Beschuldigung oder ein Tatverdacht oder überhaupt irgendein noch so unbedeutender Punkt sich finden ließe, der zu der Annahme verleiten könnte, daß die Kläger bei der Einreichung ihrer Klage wenigstens einige Anhaltspunkte gehabt haben; wenn ihr schließlich außer der erwähnten Beute irgendeinen anderen Grund finden solltet, so protestieren wir nicht dagegen, daß das Leben des Sextus Roscius ihrer Willkür überantwortet wird. Wenn es sich aber um nichts anderes handelt, als daß es

nihil est, si hoc solum hoc tempore pugnatur ut ad illam opimam praeclaramque praedam damnatio Sex. Rosci velut cumulus accedat, nonne cum multa indigna tum vel hoc indignissimum est, vos idoneos habitos per quorum sententias iusque iurandum id adsequantur quod antea ipsi scelere et ferro adsequi consuerunt? qui ex civitate in senatum propter dignitatem, ex senatu in hoc consilium delecti estis propter severitatem, ab his hoc postulare homines sicarios atque gladiatores, non modo ut supplicia vitent quae a vobis pro maleficiis suis metuere atque horrere debent verum etiam ut spoliis ex hoc iudicio ornati auctique discedant?

4 (9) His de rebus tantis tamque atrocibus neque satis me commode dicere neque satis graviter conqueri neque satis libere vociferari posse intellego. Nam commoditati ingenium, gravitati aetas, libertati tempora sunt impedimento. Huc accedit summus timor quem mihi natura pudorque meus attribuit et vestra dignitas et vis adversariorum et Sex. Rosci pericula. Quapropter vos oro atque obsecro, iudices, ut attente bonaque cum venia verba mea audiatis. (10) Fide sapientiaque vestra fretus plus oneris sustuli quam ferre me posse intellego. Hoc onus si vos aliqua ex parte adlevabitis, feram ut potero studio et industria, iudices; sin a vobis, id quod non spero, deserar,

den Unersättlichen an nichts fehle, wenn der Streit jetzt nur darum geht, daß zu der fetten und stattlichen Beute die Verurteilung des Sextus Roscius sozusagen als krönender Abschluß hinzukommt, ist dann nicht unter all dem Schändlichen das das Schändlichste, daß sie euch für geeignet halten, durch euren eidlich beschworenen Richterspruch das zu bekommen, was sie vorher auf dem Wege des Verbrechens und der Gewalt sich selbst zu verschaffen gewohnt waren? Ihr seid wegen eurer angesehenen Stellung aus der Bürgerschaft in den Senat,[2] wegen eurer Strenge aus dem Senat in dieses Richterkollegium gewählt worden; ist es da nicht im höchsten Maße empörend, daß Meuchelmörder und Banditen von euch verlangen, daß sie nicht nur den Strafen entgehen, die sie von euch für ihre Untaten mit Zittern befürchten müssen, sondern sich sogar mit Beute beladen und bereichert aus diesem Prozeß davonmachen?

4 (9) Über diese so ungeheuerlichen und scheußlichen Vorgänge kann ich nicht treffend genug sprechen, mich nicht nachdrücklich genug beklagen, nicht freimütig genug meine Stimme erheben – das weiß ich; denn meine mangelhafte Begabung hindert mich, die treffenden Worte zu finden, mein jugendliches Alter, mit dem erforderlichen Nachdruck zu sprechen, die Ungunst der Zeitverhältnisse, mich mit dem nötigen Freimut zu äußern. Hierzu kommen größte Befangenheit, die mir meine natürliche Schüchternheit aufgeprägt hat und eure Würde, die Macht der Gegner und die Gefahren für Sextus Roscius. Deshalb bitte ich euch inständig, ihr Richter, aufmerksam und mit gütiger Nachsicht meine Worte anzuhören. (10) Im Vertrauen auf eure Gewissenhaftigkeit und Weisheit habe ich eine größere Last auf mich genommen, als ich, wie ich mir wohl bewußt bin, tragen kann. Aber wenn ihr mir diese Last auch nur ein wenig erleichtern werdet, so werde ich sie tragen, ihr Richter, so gut ich kann, mit Eifer und Energie; wenn ihr mich aber, was ich nicht hoffen will, im Stich lassen solltet, so

tamen animo non deficiam et id quod suscepi quoad potero perferam. Quod si perferre non potero, opprimi me onere offici malo quam id quod mihi cum fide semel impositum est aut propter perfidiam abicere aut propter infirmitatem animi deponere.

(11) Te quoque magno opere, M. Fanni, quaeso ut, qualem te iam antea populo Romano praebuisti, cum huic eidem quaestioni iudex praeesses, talem te et nobis et rei publicae hoc tempore impertias. 5 Quanta multitudo hominum convenerit ad hoc iudicium vides; quae sit omnium mortalium exspectatio, quae cupiditas ut acria ac severa iudicia fiant intellegis. Longo intervallo iudicium inter sicarios hoc primum committitur, cum interea caedes indignissimae maximaeque factae sunt; omnes hanc quaestionem te praetore manifestis maleficiis cotidianoque sanguine dignissimam sperant futuram.

(12) Qua vociferatione in ceteris iudiciis accusatores uti consuerunt, ea nos hoc tempore utimur qui causam dicimus. Petimus abs te, M. Fanni, a vobisque, iudices, ut quam acerrime maleficia vindicetis, ut quam fortissime hominibus audacissimis resistatis, ut hoc cogitetis, nisi in hac causa qui vester animus sit ostendetis, eo prorumpere hominum cupiditatem et scelus et audaciam ut non modo clam verum etiam hic in foro ante tribunal tuum, M. Fanni, ante pedes vestros, iudices, inter ipsa subsellia caedes futurae sint. (13) Etenim quid aliud hoc iudicio temptatur nisi ut id fieri liceat? Accusant ei qui in fortunas huius

werde ich dennoch nicht aufgeben, sondern, was ich übernommen habe, durchführen, soweit ich kann. Wenn ich es aber nicht zu Ende führen kann, so will ich mich durch die Last der Verpflichtung lieber zu Boden drükken lassen, als daß ich das, was mir nun einmal vertrauensvoll auferlegt ist, aus Treulosigkeit von mir werfe oder aus Verzagtheit niederlege.

(11) Auch dich, M. Fannius, bitte ich dringend: wie du dich schon früher dem römischen Volke gezeigt hast, als du vorsitzender Richter dieses gleichen Gerichtshofes warst, so erweise dich uns und der Öffentlichkeit auch jetzt. 5 Du siehst, eine wie große Menschenmenge zu dieser Gerichtsverhandlung sich eingefunden hat, du erkennst, was alle Leute erwarten, wie leidenschaftlich sie danach verlangen, daß die Urteile scharf und streng ausfallen. Nach langer Unterbrechung ist dies der erste Mordprozeß, der wieder durchgeführt wird, nachdem in der Zwischenzeit die empörendsten und ungeheuerlichsten Mordtaten geschehen sind. Alle erwarten, daß die heutige gerichtliche Untersuchung unter deinem Vorsitz so enden wird, wie nachgewiesene Untaten und tägliches Blutvergießen es entschieden verdienen.

(12) Die Mahnung, die sonst bei Prozessen die Ankläger auszusprechen pflegen, sprechen jetzt wir aus, die wir verteidigen: wir bitten dich, M. Fannius, und euch, ihr Richter, bestraft möglichst scharf verbrecherische Taten, widersetzt euch möglichst energisch verwegenen Banditen und bedenkt die Folgen, wenn ihr in diesem Prozeß nicht eure wahre Gesinnung zeigt: die Gier, die verbrecherische Neigung und die Verwegenheit der Menschen würde in einer Weise hervorbrechen, daß nicht nur heimlich, sondern sogar hier auf dem Forum vor deinem Tribunal, M. Fannius, vor euren Füßen, ihr Richter, ja hier zwischen den Bänken selbst Morde geschehen würden. (13) Denn was anderes versucht man durch diesen Prozeß zu bewirken, als daß das geschehen darf? Es klagen die an, die über das Vermögen des Angeklagten her-

invaserunt, causam dicit is cui praeter calamitatem nihil reliquerunt; accusant ei quibus occidi patrem Sex. Rosci bono fuit, causam dicit is cui non modo luctum mors patris attulit verum etiam egestatem; accusant ei qui hunc ipsum iugulare summe cupierunt, causam dicit is qui etiam ad hoc ipsum iudicium cum praesidio venit ne hic ibidem ante oculos vestros trucidetur; denique accusant ei quos populus poscit, causam dicit is qui unus relictus ex illorum nefaria caede restat. (14) Atque ut facilius intellegere possitis, iudices, ea quae facta sunt indigniora esse quam haec sunt quae dicimus, ab initio res quem ad modum gesta sit vobis exponemus, quo facilius et huius hominis innocentissimi miserias et illorum audacias cognoscere possitis et rei publicae calamitatem.

6 (15) Sex. Roscius, pater huiusce, municeps Amerinus fuit, cum genere et nobilitate et pecunia non modo sui municipi verum etiam eius vicinitatis facile primus, tum gratia atque hospitiis florens hominum nobilissimorum. Nam cum Metellis, Serviliis, Scipionibus erat ei non modo hospitium verum etiam domesticus usus et consuetudo, quas, ut aequum est, familias honestatis amplitudinisque gratia nomino. Itaque ex suis omnibus commodis hoc solum filio reliquit; nam patrimonium domestici praedones vi ereptum possident, fama et vita innocentis

gefallen sind; es verteidigt sich der, dem sie außer seinem Unglück nichts gelassen haben. Es klagen die an, für die die Ermordung des Vaters des Sextus Roscius vorteilhaft war; es verteidigt sich der, dem der Tod des Vaters nicht nur Trauer, sondern auch bittere Armut gebracht hat. Es klagen die an, deren leidenschaftlichster Wunsch es gewesen ist, meinen Klienten selbst zu ermorden; es verteidigt sich der, der selbst zu dieser Verhandlung mit einer Leibgarde gekommen ist, um nicht hier an dieser Stelle vor euren Augen hingemetzelt zu werden. Und abschließend: es klagen die an, deren Bestrafung das Volk fordert; es verteidigt sich der, der als einziger von dem ruchlosen Morden jener Burschen übriggeblieben und noch am Leben ist. (14) Und damit ihr leichter erkennen könnt, ihr Richter, daß das, was in Wirklichkeit geschehen ist, noch empörender ist als das, was ich mit Worten ausspreche, will ich euch die Vorgänge, wie sie sich abgespielt haben, von Anfang an schildern, damit ihr desto leichter die jammervolle Lage dieses völlig unschuldigen Menschen und die verwegenen Taten der Ankläger und den unheilvollen Zustand des Staates erkennen könnt.

6 (15) Sextus Roscius, der Vater des Angeklagten, war Bürger der Landstadt Ameria[3]. Er war nach Herkunft, Vornehmheit und Vermögen unstreitig der erste Mann nicht nur in seiner Heimatstadt, sondern auch in deren Umgebung; dazu erfreute er sich der Gunst und der Freundschaft von Männern des Hochadels. Denn mit den Metellern, Serviliern und Scipionen verband ihn nicht nur gegenseitige Gastlichkeit, sondern auch ständiger Verkehr von Haus zu Haus – natürlich erwähne ich diese Familien, wie es billig ist, nur ihrer geachteten und bedeutenden gesellschaftlichen Stellung wegen. Daher sind diese Beziehungen das einzige, was Roscius seinem Sohn von allen seinen Glücksgütern hinterließ; denn das Vermögen haben Räuber aus der eigenen Familie ihm entrissen und haben es im Besitz; Ruf und Leben des Unschuldigen werden von den entfernteren und engeren

ab hospitibus amicisque paternis defenditur. (16) Hic cum omni tempore nobilitatis fautor fuisset tum hoc tumultu proximo, cum omnium nobilium dignitas et salus in discrimen veniret, praeter ceteros in ea vicinitate eam partem causamque opera, studio, auctoritate defendit. Etenim rectum putabat pro eorum honestate se pugnare propter quos ipse honestissimus inter suos numerabatur. Postea quam victoria constituta est ab armisque recessimus, cum proscriberentur homines atque ex omni regione caperentur ei qui adversarii fuisse putabantur, erat ille Romae frequens atque in foro et in ore omnium cotidie versabatur, magis ut exsultare victoria nobilitatis videretur quam timere ne quid ex ea calamitatis sibi accideret.

(17) Erant ei veteres inimicitiae cum duobus Rosciis Amerinis, quorum alterum sedere in accusatorum subselliis video, alterum tria huiusce praedia possidere audio; quas inimicitias si tam cavere potuisset quam metuere solebat viveret. Neque enim, iudices, iniuria metuebat. Nam duo isti sunt T. Roscii, quorum alteri Capitoni cognomen est, iste qui adest Magnus vocatur, homines eius modi: alter plurimarum palmarum vetus ac nobilis gladiator habetur, hic autem nuper se ad eum lanistam contulit, qui*que* ante hanc pugnam tiro esset quod sciam, facile ipsum magistrum scelere audaciaque superavit.
7 (18) Nam cum hic Sex. Roscius esset Ameriae, T. autem iste Roscius Romae, cum hic filius adsiduus in praediis esset cumque se voluntate patris rei familiari

Freunden des Vaters geschützt. (16) Der Vater des Angeklagten war jederzeit ein Anhänger des Adels gewesen, und er verteidigte besonders während der jüngsten Wirren, als Vorrangstellung und Leben aller Adligen in Gefahr gerieten, mehr als andere in dieser Gegend diese Partei und Sache mit Tatkraft, Eifer und dem Gewicht seiner Persönlichkeit. Denn er hielt es für recht, für deren Ansehen zu kämpfen, durch die er selbst als der Angesehenste unter seinen Mitbürgern galt. Nachdem der Sieg errungen war und wir die Waffen niedergelegt hatten, als die Leute, die, wie man meinte, Gegner gewesen waren, auf die Ächtungslisten gesetzt und überall aufgegriffen wurden, weilte er ständig in Rom und bewegte sich täglich auf dem Forum und vor aller Augen, so daß er eher den Eindruck erweckte, er freue sich über den Sieg des Adels, als daß er fürchtete, ihm könne daraus ein Unglück erwachsen.

(17) Er lebte in alter Feindschaft mit zwei Rosciern aus Ameria, von denen ich den einen auf der Anklägerbank sitzen sehe, während der andere, wie ich höre, drei Güter des Angeklagten besitzt. Wenn der ältere Roscius sich vor dieser Feindschaft so hätte schützen können, wie er sie zu fürchten pflegte, würde er noch leben. Er fürchtete sie nämlich nicht zu Unrecht, ihr Richter. Denn die beiden – sie heißen T. Roscius, von denen der eine den Beinamen Capito hat, der anwesende Magnus genannt wird – sind Menschen folgenden Schlages: der eine gilt als routinierter und namhafter Gladiator, der sehr viele Siege erfochten hat, dieser hier aber begab sich erst jüngst zu ihm in die Lehre, und während er, soviel ich weiß, vor diesem Mordgefecht nur ein Anfänger war, hat er doch nun ohne weiteres sogar seinen Lehrmeister durch verbrecherische Verwegenheit übertroffen.[4] 7 (18) Denn als dieser jüngere Sextus Roscius in Ameria weilte, der T. Roscius hier aber in Rom, als der Sohn ständig auf den Gütern sich aufhielt und sich nach dem Wunsche seines Vaters der Verwaltung des Familienbesitzes und

vitaeque rusticae dedisset, iste autem frequens Romae esset, occiditur ad balneas Pallacinas rediens a cena Sex. Roscius. Spero ex hoc ipso non esse obscurum ad quem suspicio malefici pertineat; verum id quod adhuc est suspiciosum nisi perspicuum res ipsa fecerit, hunc adfinem culpae iudicatote.

(19) Occiso Sex. Roscio primus Ameriam nuntiat Mallius Glaucia quidam, homo tenuis, libertinus, cliens et familiaris istius T. Rosci, et nuntiat domum non fili sed T. Capitonis inimici; et cum post horam primam noctis occisus esset, primo diluculo nuntius hic Ameriam venit; decem horis nocturnis sex et quinquaginta milia passuum cisiis pervolavit, non modo ut exoptatum inimico nuntium primus adferret sed etiam cruorem inimici quam recentissimum telumque paulo ante e corpore extractum ostenderet. (20) Quadriduo quo haec gesta sunt res ad Chrysogonum in castra L. Sullae Volaterras defertur; magnitudo pecuniae demonstratur; bonitas praediorum – nam fundos decem et tris reliquit qui Tiberim fere omnes tangunt – huius inopia et solitudo commemoratur; demonstrant, cum pater huiusce Sex. Roscius, homo tam splendidus et gratiosus, nullo negotio sit occisus, perfacile hunc hominem incautum et rusticum et Romae ignotum de medio tolli posse; ad eam rem operam suam pollicentur. 8 (21) Ne diutius teneam, iudices, societas coitur.

dem Landleben hingegeben hatte, Titus Roscius aber sich fast immer in Rom befand, da wurde der ältere Sextus Roscius, während er von einem Essen zurückkehrte, bei den pallacinischen Bädern[5] ermordet. Ich hoffe, schon hieraus ergibt sich deutlich, wen der Verdacht an der Untat trifft; aber wenn nicht das, was bisher auf bloßem Verdacht beruht, sich durch die Sache selbst als sonnenklar erweist, dann möget ihr den Angeklagten als nicht frei von Schuld verurteilen.

(19) Nachdem Sextus Roscius ermordet war, bringt als erster ein gewisser Mallius Glaucia die Nachricht nach Ameria, ein ärmlicher Mann, Freigelassener, Klient des Titus Roscius hier und somit zu seinem Anhang gehörig, und er bringt sie nicht in das Haus des Sohnes, sondern des Feindes T. Capito; und obwohl Roscius nach der ersten Nachtstunde ermordet worden war, kommt dieser Bote beim ersten Morgengrauen nach Ameria: in zehn Stunden legte er während der Nacht in rasendem Tempo 56 Meilen[6] in einem Reisewagen zurück, um nicht nur dem Feinde die erwünschte Nachricht als erster zu überbringen, sondern auch das Blut des Feindes möglichst frisch und die Mordwaffe, die kurz zuvor aus der Leiche herausgezogen war, vorzuzeigen. (20) Vier Tage nach diesen Vorgängen wird die Angelegenheit dem Chrysogonus im Lager des L. Sulla vor Volaterrae[7] hinterbracht; man weist auf die Größe des Vermögens hin; man erwähnt die vorzügliche Beschaffenheit der Grundstücke – denn der ältere Roscius hinterließ dreizehn Güter, die fast alle an den Tiber grenzen – und die Hilflosigkeit und Verlassenheit des Sohnes. Sie geben zu verstehen, wenn schon Sextus Roscius, der Vater des Angeklagten, ein so angesehener und beliebter Mann, ohne jede Schwierigkeit ermordet worden sei, dann könne dieser arglose, tölpelhafte und in Rom unbekannte Mensch sehr leicht aus dem Wege geräumt werden; sie versprechen hierzu ihre Mitwirkung. 8 (21) Ich will euch nicht länger hinhalten, ihr Richter: das Komplott kommt zustande. Als

Cum nulla iam proscriptionis mentio fieret, cum etiam qui antea metuerant redirent ac iam defunctos sese periculis arbitrarentur, nomen refertur in tabulas Sex. Rosci, hominis studiosissimi nobilitatis; manceps fit Chrysogonus; tria praedia vel nobilissima Capitoni propria traduntur, quae hodie possidet; in reliquas omnis fortunas iste T. Roscius nomine Chrysogoni, quem ad modum ipse dicit, impetum facit. Haec omnia, iudices, imprudente L. Sulla facta esse certo scio. (22) Neque enim mirum, cum eodem tempore et ea quae praeterita sunt *reparet* et ea quae videntur instare praeparet, cum et pacis constituendae rationem et belli gerendi potestatem solus habeat, cum omnes in unum spectent, unus omnia gubernet, cum tot tantisque negotiis distentus sit ut respirare libere non possit, si aliquid non animadvertat, cum praesertim tam multi occupationem eius observent tempusque aucupentur ut, simul atque ille despexerit, aliquid huiusce modi moliantur. Huc accedit quod, quamvis ille felix sit, sicut est, tamen in tanta felicitate nemo potest esse in magna familia qui neminem neque servum neque libertum improbum habeat. (23) Interea iste T. Roscius, vir optimus, procurator Chrysogoni, Ameriam venit, in praedia huius invadit, hunc miserum, luctu perditum, qui nondum etiam omnia paterno funeri iusta solvisset, nudum eicit domo atque focis patriis disque penatibus praecipitem, iudices, exturbat, ipse amplissimae pecuniae fit dominus. Qui in sua re fuisset egentissimus, erat, ut fit, insolens in

schon niemand mehr von Ächtung sprach, als sogar die, die sich zuvor gefürchtet hatten, zurückkehrten und glaubten, nunmehr die Gefahren überstanden zu haben, wird der Name des Sextus Roscius in die Ächtungslisten eingetragen, eines Mannes, der die Sache des Adels mit größtem Eifer vertreten hatte; Aufkäufer des Vermögens wird Chrysogonus. Drei Güter, und zwar die allerbesten, werden dem Capito zu eigen übergeben, die er heute noch besitzt; auf alle übrigen Vermögenswerte stürzt sich der T. Roscius hier, im Namen des Chrysogonus, wie er selbst sagt. Dies alles, ihr Richter, ist ohne Wissen des L. Sulla geschehen, wie ich mit Sicherheit weiß. (22) Denn da er gleichzeitig vergangene Verhältnisse wiederherstellt und sich auf offensichtlich bevorstehende Entwicklungen vorbereitet, da er allein die Möglichkeit hat, Frieden zu stiften, und die Macht, Krieg zu führen, da alle auf ihn als einzigen schauen, er als einziger alles lenkt, da er durch so viele und so wichtige Aufgaben in Anspruch genommen ist, daß er nicht frei aufatmen kann, ist es kein Wunder, wenn er wirklich einmal etwas nicht bemerkt, zumal so viele seine Beschäftigung beobachten und einen Zeitpunkt zu erhaschen suchen, um, sobald er wegblickt, etwas dieser Art zu bewerkstelligen. Hierzu kommt, daß, mag er noch so glücklich[8] sein, wie er es tatsächlich ist, es trotz so großen Glückes niemanden geben kann, der nicht in einem großen Anhang einen schuftigen Sklaven oder Freigelassenen hätte. (23) Inzwischen kommt dieser T. Roscius hier, ein feiner Mann, als Verwalter des Chrysogonus nach Ameria; er dringt in die Güter des Angeklagten ein; er jagt diesen Unglücklichen, von Trauer Verzehrten, der noch nicht einmal alle herkömmlichen Verpflichtungen für das Begräbnis des Vaters erfüllt hatte, mittellos aus dem Haus, vertreibt ihn Hals über Kopf vom Herd seiner Väter und von seinen Penaten[9], ihr Richter; er selbst wird Herr des gewaltigen Vermögens. Und er, der mit seinem eigenen Hab und Gut nur ein sehr kärgliches Auskommen gehabt hatte, war, wie es zu ge-

aliena; multa palam domum suam auferebat; plura clam de medio removebat, non pauca suis adiutoribus large effuseque donabat, reliqua constituta auctione vendebat.

9 (24) Quod Amerinis usque eo visum est indignum ut urbe tota fletus gemitusque fieret. Etenim multa simul ante oculos versabantur, mors hominis florentissimi, Sex. Rosci, crudelissima, fili autem eius egestas indignissima, cui de tanto patrimonio praedo iste nefarius ne iter quidem ad sepulcrum patrium reliquisset, bonorum emptio flagitiosa, possessio, furta, rapinae, donationes. Nemo erat qui non audere omnia mallet quam videre in Sex. Rosci, viri optimi atque honestissimi, bonis iactantem se ac dominantem T. Roscium. (25) Itaque decurionum decretum statim fit ut decem primi proficiscantur ad L. Sullam doceantque eum qui vir Sex. Roscius fuerit, conquerantur de istorum scelere et iniuriis, orent ut et illius mortui famam et fili innocentis fortunas conservatas velit. Atque ipsum decretum, quaeso, cognoscite. (Decretum decurionum.) Legati in castra veniunt. Intellegitur, iudices, id quod iam ante dixi, imprudente L. Sulla scelera haec et flagitia fieri. Nam statim Chrysogonus et ipse ad eos accedit et homines nobilis adlegat qui peterent ne ad Sullam adirent, et omnia Chrysogonum quae vellent esse facturum pollicerentur. (26) Usque adeo autem ille pertimuerat ut mori mallet quam de his rebus Sullam doceri.

hen pflegt, verschwenderisch mit dem fremden; vieles schleppte er öffentlich in sein Haus, mehr brachte er heimlich auf die Seite, nicht weniges verschenkte er freigebig und verschwenderisch an seine Helfershelfer, den Rest verkaufte er auf einer Versteigerung.

9 (24) Dies erschien den Bürgern von Ameria in einem solchen Grade empörend, daß in der ganzen Stadt Jammern und Wehklagen sich erhob. Denn vieles spielte sich gleichzeitig vor ihren Augen ab: der grausame Tod des Sextus Roscius, eines Mannes, der in der Blüte seines Lebens stand, die schmachvolle Bettelarmut seines Sohnes, dem dieser nichtswürdige Räuber da von einem so stattlichen Vermögen nicht einmal einen Zugang zum Grabe des Vaters übriggelassen hatte, der schändliche Aufkauf der Güter, die Besitznahme, die Diebstähle, die Raubzüge, die Schenkungen. Es gab niemanden, der nicht lieber alles wagen wollte als ansehen zu müssen, wie T. Roscius auf den Gütern des Sextus Roscius, dieses vorzüglichen und ehrenwerten Mannes, sich brüstete und den Herrn spielte. (25) Und so kommt sofort ein Beschluß der Ratsherren zustande: die zehn Vorsteher[10] sollten sich zu L. Sulla aufmachen und ihn darüber aufklären, was für ein Mann Sextus Roscius gewesen sei; sie sollten sich beklagen über das Verbrechen und die Rechtsverletzungen dieser Gauner und ihn bitten, er möchte den Ruf des Toten und das Vermögen des unschuldigen Sohnes retten. Und vernehmt bitte den Beschluß selbst. – (Der Beschluß der Ratsherren.) – Die Gesandten kommen ins Lager. Es wird deutlich, ihr Richter, was ich schon vorher gesagt habe, daß diese Verbrechen und Schandtaten ohne Wissen L. Sullas geschehen sind. Denn sofort befaßt sich Chrysogonus selbst mit ihnen und ordnet Männer von Stand an sie ab, mit dem Auftrag, sie zu bitten, nicht Sulla aufzusuchen, und ihnen zu versprechen, Chrysogonus werde alles tun, was sie wünschten. (26) Er hatte es aber so sehr mit der Angst bekommen, daß er lieber sterben wollte, als daß Sulla

Homines antiqui, qui ex sua natura ceteros fingerent, cum ille confirmaret sese nomen Sex. Rosci de tabulis exempturum, praedia vacua filio traditurum, cumque id ita futurum T. Roscius Capito qui in decem legatis erat appromitteret, crediderunt; Ameriam re inorata reverterunt. Ac primo rem differre cotidie ac procrastinare isti coeperunt, deinde aliquanto lentius nihil agere atque deludere, postremo, id quod facile intellectum est, insidias vitae huiusce Sex. Rosci parare neque sese arbitrari posse diutius alienam pecuniam domino incolumi obtinere. 10 (27) Quod hic simul atque sensit, de amicorum cognatorumque sententia Romam confugit et sese ad Caeciliam, Nepotis *sororem, Baliarici* filiam, quam honoris causa nomino, contulit, qua pater usus erat plurimum; in qua muliere, iudices, etiam nunc, id quod omnes semper existimaverunt, quasi exempli causa vestigia antiqui offici remanent. Ea Sex. Roscium inopem, eiectum domo atque expulsum ex suis bonis, fugientem latronum tela et minas recepit domum hospitique oppresso iam desperatoque ab omnibus opitulata est. Eius virtute, fide, diligentia factum est ut hic potius vivus in reos quam occisus in proscriptos referretur.

(28) Nam postquam isti intellexerunt summa diligentia vitam Sex. Rosci custodiri neque sibi ullam caedis faciendae potestatem dari, consilium ceperunt plenum sceleris

über diese Vorgänge unterrichtet werde. Da er versicherte, er werde den Namen des Sextus Roscius aus den Listen tilgen und dem Sohn die Güter frei von Rechtsansprüchen anderer übergeben, und da T. Roscius Capito, der unter den zehn Abgesandten war, noch dazu versprach, daß es so geschehen werde, schenkten die biederen Männer, die glaubten, alle anderen Menschen seien wie sie, diesen Versicherungen Glauben; sie kehrten nach Ameria zurück, ohne ihr Anliegen zur Sprache gebracht zu haben. Und jene Schufte begannen zuerst die Angelegenheit von Tag zu Tag zu verzögern und aufzuschieben, dann, um einiges gleichgültiger, nichts zu tun und ein hinterhältiges Spiel zu treiben, schließlich, was leicht einzusehen ist, einen Anschlag auf das Leben unseres Sextus Roscius zu planen und zu glauben, das fremde Vermögen nicht länger behalten zu können, wenn der eigentliche Besitzer am Leben sei. 10 (27) Sobald Roscius dies bemerkte, flüchtete er auf den Rat seiner Freunde und Verwandten nach Rom und begab sich zu Caecilia, der Schwester des Nepos und Tochter des Baliaricus, die ich nur ehrenhalber nenne. Denn der Vater hatte sehr viel in ihrem Hause verkehrt. In dieser Frau nun, ihr Richter, sind auch jetzt noch – und so haben alle schon immer geurteilt –, als ob sie ein Beispiel geben wolle, die Spuren früherer Pflichterfüllung erhalten geblieben. Sie nahm Sextus Roscius, als er mittellos, aus seinem Hause verjagt und von seinen Gütern vertrieben, vor den Dolchen und Drohungen der Räuber floh, in ihr Haus auf und lieh dem hart bedrängten und schon von allen aufgegebenen Freund ihren Beistand. Durch ihre Tatkraft, Treue und Umsicht ist es erreicht worden, daß Roscius lebend in die Liste der Angeklagten statt ermordet in die der Geächteten eingetragen wurde.

(28) Denn nachdem jene Schufte erkannt hatten, daß das Leben des Sextus Roscius mit größter Sorgfalt bewacht werde und sich ihnen keine Möglichkeit biete, den Mord auszuführen, faßten sie den verbrecherischen und

et audaciae ut nomen huius de parricidio deferrent, ut ad eam rem aliquem accusatorem veterem compararent qui de ea re posset dicere aliquid, in qua re nulla subesset suspicio, denique ut, quoniam crimine non poterant, tempore ipso pugnarent. Ita loqui homines: ›quod iudicia tam diu facta non essent, condemnari eum oportere qui primus in iudicium adductus esset; huic autem patronos propter Chrysogoni gratiam defuturos; de bonorum venditione et de ista societate verbum esse facturum neminem; ipso nomine parricidi et atrocitate criminis fore ut hic nullo negotio tolleretur, cum ab nullo defensus esset.‹ (29) Hoc consilio atque adeo hac amentia impulsi quem ipsi, cum cuperent, non potuerunt occidere, eum iugulandum vobis tradiderunt.

11 Quid primum querar aut unde potissimum, iudices, ordiar aut quod aut a quibus auxilium petam? deorumne immortalium, populine Romani, vestramne qui summam potestatem habetis hoc tempore fidem implorem? (30) Pater occisus nefarie, domus obsessa ab inimicis, bona adempta, possessa, direpta, fili vita infesta, saepe ferro atque insidiis appetita. Quid ab his tot maleficiis sceleris abesse videtur? Tamen haec aliis nefariis cumulant atque adaugent, crimen incredibile confingunt, testis in hunc et accusatores huiusce pecunia comparant; hanc condicionem misero ferunt ut optet utrum malit cervices

verwegenen Entschluß, Roscius wegen Verwandtenmordes anzuklagen und sich dafür einen routinierten Ankläger zu besorgen, der fähig wäre, in dieser Sache, in der sich kein Verdachtsmoment darbot, etwas Stichhaltiges vorzubringen, kurz, sie beschlossen, da sie eine begründete Beschuldigung nicht vorbringen konnten, einfach die Zeitverhältnisse als Waffe zu benutzen. So etwa sagten sich diese Menschen: weil so lange keine Prozesse stattgefunden hätten, müsse verurteilt werden, wer als erster vor Gericht gebracht werde; Roscius aber werde es wegen des Einflusses des Chrysogonus an Rechtsbeiständen fehlen; über den Verkauf des Vermögens und das erwähnte Komplott werde niemand ein Wort verlieren; allein der Ausdruck Verwandtenmord und die Abscheulichkeit des Verbrechens würden bewirken, daß Roscius ohne jede Mühe beseitigt werden könne, da er von niemandem verteidigt würde. (29) Von diesem Plan oder besser von diesem wahnwitzigen Gedanken getrieben, übergaben sie ihn, den sie selbst, wenn sie es auch wünschten, nicht ermorden konnten, euch zum Umbringen.

11 Worüber soll ich mich zuerst beklagen, oder mit welchem Punkt soll ich vornehmlich beginnen, ihr Richter, oder welche Hilfe soll ich mir erbitten und von wem? Soll ich die unsterblichen Götter, soll ich das römische Volk oder soll ich euch, die ihr im Augenblick die höchste Macht habt, um Schutz anflehen? (30) Der Vater ist meuchlings ermordet, das Haus von den Feinden besetzt, das Vermögen entwendet, in Besitz genommen, auseinandergerissen, das Leben des Sohnes gefährdet, oft durch Anschläge mit der Waffe bedroht. Welches Verbrechen fehlt wohl noch in dieser großen Reihe von Untaten? Trotzdem steigern und vermehren sie diese durch andere Schandtaten; sie erfinden eine unglaubliche Beschuldigung, sie verschaffen sich Belastungszeugen und Ankläger mit dem Geld des Angeklagten; sie muten dem Unglücklichen zu, er solle wählen, ob er lieber dem

T. Roscio dare an insutus in culleum per summum dedecus vitam amittere. Patronos huic defuturos putaverunt; desunt; qui libere dicat, qui cum fide defendat, id quod in hac causa satis *est,* non deest profecto, iudices. (31) Et forsitan in suscipienda causa temere impulsus adulescentia fecerim; quoniam quidem semel suscepi, licet hercules undique omnes minae terrores periculaque impendeant omnia, succurram ac subibo. Certum est deliberatumque quae ad causam pertinere arbitror, omnia non modo dicere verum etiam libenter audacter libereque dicere; nulla res tanta exsistet, iudices, ut possit vim mihi maiorem adhibere metus quam fides. (32) Etenim quis tam dissoluto animo est qui haec cum videat tacere ac neglegere possit? Patrem meum, cum proscriptus non esset, iugulastis, occisum in proscriptorum numerum rettulistis, me domo mea per vim expulistis, patrimonium meum possidetis. Quid voltis amplius? etiamne ad subsellia cum ferro atque telis venistis ut hic aut iuguletis aut condemnetis?

12 (33) Hominem longe audacissimum nuper habuimus in civitate C. Fimbriam et, quod inter omnis constat, nisi inter eos qui ipsi quoque insaniunt insanissimum. Is cum curasset in funere C. Mari ut Q. Scaevola volneraretur, vir sanctissimus atque ornatissimus nostrae civitatis, de cuius laude neque hic locus est ut multa dicantur neque plura tamen dici possunt quam populus Romanus memoria retinet, diem Scaevolae dixit, postea quam comperit eum posse vivere. Cum ab eo quaereretur quid tan-

T. Roscius den Nacken hinhalten oder in einen Ledersack eingenäht[11] in größter Schande sein Leben verlieren wolle. Sie glaubten, ihm würden Fürsprecher fehlen; ja, sie fehlen; aber einer, der offen spricht, der ihn gewissenhaft verteidigt, was in dieser Sache genügt, der fehlt bestimmt nicht, ihr Richter. (31) Und vielleicht habe ich, durch meine Jugend verleitet, unbedacht gehandelt, als ich diesen Fall übernahm; doch da ich ihn nun einmal übernommen habe, will ich, selbst wenn mir, beim Herkules, von allen Seiten Drohungen, Schrecken und Gefahren aller Art bevorstehen, das auf mich nehmen und erdulden. Ich bin fest entschlossen, alles, was nach meiner Auffassung zur Sache gehört, nicht nur zu sagen, sondern auch gern, mutig und offen zu sagen; es wird nichts eintreten, ihr Richter, was so gewichtig wäre, daß die Furcht eine größere Gewalt über mich gewinnen könnte als die Treue. (32) Denn wer ist so hartherzig, daß er, wenn er dies sieht, schweigen oder gleichgültig bleiben könnte? Meinen Vater habt ihr, obwohl er nicht geächtet war, umgebracht; den Ermordeten habt ihr in die Liste der Geächteten eingetragen; mich habt ihr mit Gewalt aus meinem Haus vertrieben; mein väterliches Erbe besitzt ihr. Was wollt ihr noch mehr? Seid ihr auch noch zu den Gerichtsbänken mit Dolch und Schwertern gekommen, um hier entweder zu morden oder eine Verurteilung zu erreichen?

12 (33) Wir hatten unlängst einen C. Fimbria in unserem Staate, den weitaus verwegensten und (wie bei allen feststeht, außer bei denen, die auch verrückt sind) verrücktesten Menschen. Dieser sorgte dafür, daß beim Begräbnis des C. Marius Q. Scaevola verwundet wurde, der makelloseste und angesehenste Mann unseres Staates, zu dessen Lob viel zu sagen hier weder der Ort ist noch mehr gesagt werden kann, als das römische Volk im Gedächtnis bewahrt. Diesem Scaevola also hängte Fimbria einen Prozeß an, nachdem er erfahren hatte, daß jener möglicherweise mit dem Leben davonkomme. Als man

dem accusaturus esset eum quem pro dignitate ne laudare quidem quisquam satis commode posset, aiunt hominem, ut erat furiosus, respondisse: ›quod non totum telum corpore recepisset.‹ Quo populus Romanus nihil vidit indignius nisi eiusdem viri mortem, quae tantum potuit ut omnis occisus perdiderit et adflixerit; quos quia servare per compositionem volebat, ipse ab eis interemptus est. (34) Estne hoc illi dicto atque facto Fimbriano simillimum? Accusatis Sex. Roscium. Quid ita? Quia de manibus vestris effugit, quia se occidi passus non est. Illud, quia in Scaevola factum est, magis indignum videtur, hoc, quia fit a Chrysogono, non est ferendum. Nam per deos immortalis! quid est in hac causa quod defensionis indigeat? qui locus ingenium patroni requirit aut oratoris eloquentiam magno opere desiderat? Totam causam, iudices, explicemus atque ante oculos expositam consideremus; ita facillime quae res totum iudicium contineat et quibus *de* rebus nos dicere oporteat et quid vos sequi conveniat intellegetis.

13 (35) Tres sunt res, quantum ego existimare possum, quae obstent hoc tempore Sex. Roscio, crimen adversariorum et audacia et potentia. Criminis confictionem accusator Erucius suscepit, audaciae partis Roscii sibi poposcerunt, Chrysogonus autem, is qui plurimum potest, potentia pugnat. De hisce omnibus rebus me dicere oportere intellego. Quid igitur est? (36) Non eodem modo de omnibus, ideo quod prima illa res ad meum officium pertinet, duas autem reliquas vobis populus Romanus imposuit; ego crimen oportet diluam, vos et

ihn fragte, was für eine Anklage er eigentlich gegen den vorbringen wolle, dessen Verdienst man nicht einmal angemessen genug loben könne, soll er, fanatisch wie er war, geantwortet haben: »Daß er sich den Dolch nicht ganz habe in den Leib bohren lassen.« Das römische Volk hat nichts Empörenderes erlebt als dies, es sei denn den Tod desselben Mannes, einen Mord, dessen Folgen alle ins Verderben gebracht und hart getroffen haben; denn die er durch Aussöhnung retten wollte, von denen wurde er selbst umgebracht.[12] (34) Ist nicht der vorliegende Fall der Äußerung und der Tat des Fimbria sehr ähnlich? Ihr klagt Sextus Roscius an. Weshalb? Weil er euren Händen entkommen ist, weil er sich nicht ermorden ließ. Jene Tat erscheint empörender, weil sie an einem Scaevola begangen worden ist, diese ist nicht erträglich, weil sie von einem Chrysogonus begangen wird. Denn bei den unsterblichen Göttern, was gibt es in dieser Sache, das einer Verteidigung bedarf? Welcher Punkt erfordert den Witz eines Anwalts oder verlangt in hohem Maße die besondere Kunst eines Redners? Wir wollen den ganzen Fall aufrollen, ihr Richter, ihn uns vor Augen stellen und genau betrachten; so werdet ihr am leichtesten erkennen, was der springende Punkt des ganzen Prozesses ist, worüber ich sprechen muß und woran ihr euch zu halten habt.

13 (35) Es sind, soweit ich es abschätzen kann, drei Dinge, die gegenwärtig Sextus Roscius im Wege stehen: die Anklage der Gegner, ihre Skrupellosigkeit und ihre Macht. Die Erfindung der Anklagebegründung übernahm der Ankläger Erucius, die Rolle der Skrupellosigkeit verlangten die Roscier für sich, Chrysogonus aber, der am meisten vermag, kämpft mit der Macht. Über alle diese Punkte muß ich sprechen, wie ich mir bewußt bin. (36) Aber wie? Nicht in gleicher Weise über alle, weil der erste Punkt zu meinem Aufgabenbereich gehört, die übrigen beiden aber das römische Volk euch auferlegt hat: ich muß die Anklage entkräften, ihr habt die Ver-

audaciae resistere et hominum eius modi perniciosam atque intolerandam potentiam primo quoque tempore exstinguere atque opprimere debetis.

(37) Occidisse patrem Sex. Roscius arguitur. Scelestum, di immortales! ac nefarium facinus atque eius modi quo uno maleficio scelera omnia complexa esse videantur! Etenim si, id quod praeclare a sapientibus dicitur, voltu saepe laeditur pietas, quod supplicium satis acre reperietur in eum qui mortem obtulerit parenti? pro quo mori ipsum, si res postularet, iura divina atque humana cogebant. (38) In hoc tanto, tam atroci, tam singulari maleficio, quod ita raro exstitit ut, si quando auditum sit, portenti ac prodigi simile numeretur, quibus tandem tu, C. Eruci, argumentis accusatorem censes uti oportere? nonne et audaciam eius qui in crimen vocetur singularem ostendere et mores feros immanemque naturam et vitam vitiis flagitiisque omnibus deditam, et denique omnia ad perniciem profligata atque perdita? Quorum tu nihil in Sex. Roscium ne obiciendi quidem causa contulisti.

14 (39) Patrem occidit Sex. Roscius. Qui homo? adulescentulus corruptus et ab hominibus nequam inductus? Annos natus maior quadraginta. Vetus videlicet sicarius, homo audax et saepe in caede versatus. At hoc ab accusatore ne dici quidem audistis. Luxuries igitur hominem nimirum et aeris alieni magnitudo et indomitae animi cupiditates ad hoc scelus impulerunt. De luxuria

pflichtung, der Skrupellosigkeit Widerstand entgegenzusetzen und die verderbliche, unerträgliche Macht derartiger Leute bei der ersten besten Gelegenheit auszulöschen und zu unterdrücken.

(37) Seinen Vater ermordet zu haben, wird Sextus Roscius beschuldigt. Eine verbrecherische und ruchlose Tat, ihr unsterblichen Götter! Und sie ist von der Art, daß in dieser einen Untat alle Verbrechen einbegriffen zu sein scheinen! Denn wenn, wie von Weisen treffend gesagt wird, oft schon durch die bloße Miene die Kindespflicht verletzt wird, welche Strafe wird man sich ausdenken können, die scharf genug wäre für den, der dem Vater den Tod zugefügt hat? Für den selbst zu sterben, falls die Sache es erfordern sollte, göttliches und menschliches Recht ihn zwängen. (38) Bei dieser so ungeheuerlichen, so gräßlichen und so ungewöhnlichen Untat, die so selten vorgekommen ist, daß man sie, wenn man einmal davon hört, als so etwas wie ein unheilverkündendes Warnungs- und Wunderzeichen betrachtet, welche Beweise muß da eigentlich der Ankläger nach deiner Meinung haben, C. Erucius? Muß er nicht die ungewöhnliche Skrupellosigkeit des Angeklagten aufzeigen und seine wilden Sitten und seine unmenschliche Natur und seine allen Lastern und Schandtaten ergebene Lebensweise und endlich seine ganz bodenlose Verderbtheit und Verkommenheit? Davon hast du nichts gegen Sextus Roscius zusammengetragen, nicht einmal, um es ihm nur vorzuwerfen.

14 (39) Seinen Vater hat Sextus Roscius ermordet. Was für ein Mensch? Ein verdorbener und von Taugenichtsen verführter junger Mann? Er ist vierzig Jahre alt. Dann ist er offenbar ein routinierter Meuchelmörder, ein skrupelloser Mensch, und war oft an Mord beteiligt. Aber dies hat nicht einmal der Ankläger behauptet, wie ihr gehört habt. Also haben offenbar Vergnügungssucht, die Höhe der Schulden und ungezügelte Leidenschaften den Mann zu diesem Verbrechen getrieben. Von dem Ver-

purgavit Erucius, cum dixit hunc ne in convivio quidem ullo fere interfuisse. Nihil autem umquam debuit. Cupiditates porro quae possunt esse in eo qui, ut ipse accusator obiecit, ruri semper habitarit et in agro colendo vixerit? quae vita maxime disiuncta *a* cupiditate et cum officio *coniuncta est.* (40) Quae res igitur tantum istum furorem Sex. Roscio obiecit? ›Patri‹ inquit ›non placebat.‹ Patri non placebat? quam ob causam? necesse est enim eam quoque iustam et magnam et perspicuam fuisse. Nam ut illud incredibile est, mortem oblatam esse patri a filio sine plurimis et maximis causis, sic hoc veri simile non est, odio fuisse parenti filium sine causis multis et magnis et necessariis. (41) Rursus igitur eodem revertamur et quaeramus quae tanta vitia fuerint in unico filio qua re is patri displiceret. At perspicuum est nullum fuisse. Pater igitur amens, qui odisset eum sine causa quem procrearat? At is quidem fuit omnium constantissimus. Ergo illud iam perspicuum profecto est, si neque amens pater neque perditus filius fuerit, neque odi causam patri neque sceleris filio fuisse.

15 (42) ›Nescio‹ inquit ›quae causa odi fuerit; fuisse odium intellego qui antea, cum duos filios haberet, illum alterum qui mortuus est secum omni tempore volebat esse, hunc in praedia rustica relegarat.‹ Quod Erucio accidebat in mala nugatoriaque accusatione, idem mihi

dacht der Vergnügungssucht hat Erucius ihn gereinigt, indem er sagte, er habe fast niemals auch nur an einem Gastmahl teilgenommen. Aber auch niemals ist er etwas schuldig geblieben. Was für Leidenschaften kann ferner einer haben, der, wie der Ankläger selbst ihm vorgeworfen hat, stets auf dem Lande gewohnt und sein Leben mit Ackerbau zugebracht hat? Dies Leben nun ist in höchstem Maße von Leidenschaft entbunden und mit Pflichtgefühl verbunden. (40) Was also hat dem Sextus Roscius den Gedanken an eine so wahnsinnige Tat eingegeben? »Dem Vater gefiel er nicht«, behauptet der Ankläger. Er gefiel dem Vater nicht? Aus welchem Grunde? Denn notwendigerweise muß dieser Grund auch triftig, gewichtig und einleuchtend gewesen sein. Denn wie es unglaubhaft ist, daß der Sohn dem Vater den Tod zugefügt habe, ohne daß sehr viele und sehr gewichtige Gründe vorlagen, so ist es nicht wahrscheinlich, daß der Vater den Sohn gehaßt habe, ohne daß viele, gewichtige und zwingende Gründe bestanden. (41) Wir wollen also wiederum zu demselben Punkt zurückkehren und fragen, welche großen Fehler der einzige Sohn gehabt habe, daß er deshalb dem Vater hätte mißfallen sollen. Aber es ist deutlich, daß er keinen hatte. Also war der Vater wahnsinnig, daß er ohne Grund den haßte, den er gezeugt hatte? Aber nein: er war der Allerbesonnenste. Also ist dies in der Tat nunmehr deutlich: wenn der Vater weder wahnsinnig noch der Sohn verkommen gewesen ist, so hatte weder der Vater einen Grund zum Haß noch der Sohn zum Verbrechen.

15 (42) »Ich weiß nicht«, sagt der Ankläger, »was der Grund des Hasses gewesen ist; daß jedoch Haß bestanden hat, ist mir klar, weil der Vater früher, als er noch zwei Söhne hatte, wünschte, daß der andere, der inzwischen verstorben ist, allezeit ihm Gesellschaft leiste, diesen hier aber auf seine Landgüter verbannt hatte.« Was dem Erucius in seiner schlechten und nichtigen Anklagerede widerfuhr, dasselbe begegnet notwendigerweise

usu venit in causa optima. Ille quo modo crimen commenticium confirmaret non inveniebat, ego res tam levis qua ratione infirmem ac diluam reperire non possum. (43) Quid ais, Eruci? tot praedia tam pulchra, tam fructuosa Sex. Roscius filio suo relegationis ac supplici gratia colenda ac tuenda tradiderat? Quid? hoc patres familiae qui liberos habent, praesertim homines illius ordinis ex municipiis rusticanis, nonne optatissimum sibi putant esse filios suos rei familiari maxime servire et in praediis colendis operae plurimum studique consumere? (44) An amandarat hunc sic ut esset in agro ac tantum modo aleretur ad villam, ut commodis omnibus careret? Quid? si constat hunc non modo colendis praediis praefuisse sed certis fundis patre vivo frui solitum esse, tamenne haec a te vita eius rusticana relegatio atque amandatio appellabitur? Vides, Eruci, quantum distet argumentatio tua ab re ipsa atque *a* veritate. Quod consuetudine patres faciunt, id quasi novum reprehendis; quod benivolentia fit, id odio factum criminaris; quod honoris causa pater filio suo concessit, id eum supplici causa fecisse dicis. (45) Neque haec tu non intellegis, sed usque eo quid arguas non habes, ut non modo tibi contra nos dicendum putes verum etiam contra rerum naturam contraque consuetudinem hominum contraque opiniones omnium.

16 At enim, cum duos filios haberet, alterum a se non dimittebat, alterum ruri esse patiebatur. Quaeso, Eruci,

auch mir bei meiner vorzüglichen Sache: Er fand keinen Weg, wie er die erdichtete Anklage hätte bekräftigen können; ich kann nicht ausmachen, wie ich so nichtige Punkte entkräften und widerlegen soll. (43) Was sagst du zu dem folgenden, Erucius? So viele, so schöne, so ertragreiche Güter hatte Sextus Roscius seinem Sohn zur Bewirtschaftung und Beaufsichtigung übergeben, um ihn zu verbannen und zu bestrafen? Was? Halten Familienväter, die Söhne haben, zumal Menschen jenes Standes aus den Ackerbau treibenden Landstädten, das nicht für die höchste Erfüllung ihrer Wünsche, daß ihre Söhne sich völlig der Verwaltung des Familienbesitzes widmen und die größte Mühe und den größten Eifer auf die Bewirtschaftung der Güter verwenden? (44) Oder hatte Roscius etwa seinen Sohn mit der Auflage verbannt, daß er auf dem Lande leben und nur seine Nahrung auf dem Gut bekommen sollte, daß er alle Bequemlichkeiten entbehre? Was, wenn feststeht, daß er nicht nur die Bewirtschaftung der Güter geleitet hat, sondern auch schon die Nutznießung bestimmter Güter zu Lebzeiten des Vaters zu haben pflegte? Willst du dennoch dieses sein Leben auf dem Lande Verbannung und Verweisung nennen? Du siehst, Erucius, wie weit deine Beweisführung von dem Sachverhalt selbst und der Wahrheit entfernt ist. Was Väter nach herkömmlicher Sitte tun, das tadelst du, als ob es etwas Unerhörtes wäre; was aus Wohlwollen geschieht, das verdächtigst du, als sei es aus Haß geschehen; was der Vater seinem Sohn zugestanden hat, um ihn zu ehren, das, sagst du, habe er getan, um ihn zu strafen. (45) Und du weißt das ganz genau, aber es mangelt dir so sehr an Beweisen, daß du glaubst, du müßtest nicht nur gegen mich sprechen, sondern auch gegen den natürlichen Lauf der Dinge, gegen das herkömmliche Verhalten der Menschen und gegen die allgemeinen Ansichten.

16 Aber nein: als er noch zwei Söhne hatte, da ließ er den einen nicht aus seiner Nähe, bei dem anderen ertrug er es, daß er auf dem Lande lebte. Ich bitte dich,

ut hoc in bonam partem accipias; non enim exprobrandi causa sed commonendi gratia dicam. (46) Si tibi fortuna non dedit ut patre certo nascerere ex quo intellegere posses qui animus patrius in liberos esset, at natura certe dedit ut humanitatis non parum haberes; eo accessit studium doctrinae ut ne a litteris quidem alienus esses. Ecquid tandem tibi videtur, ut ad fabulas veniamus, senex ille Caecilianus minoris facere Eutychum, filium rusticum, quam illum alterum, Chaerestratum? – nam, ut opinor, hoc nomine est – alterum in urbe secum honoris causa habere, alterum rus supplici causa relegasse? (47) ›Quid ad istas ineptias abis?‹ inquies. Quasi vero mihi difficile sit quamvis multos nominatim proferre, ne longius abeam, vel tribulis vel vicinos meos qui suos liberos quos plurimi faciunt agricolas adsiduos esse cupiunt. Verum homines notos sumere odiosum est, cum et illud incertum sit velintne ei sese nominari, et nemo vobis magis notus futurus sit quam est hic Eutychus, et certe ad rem nihil intersit utrum hunc ego comicum adulescentem an aliquem ex agro Veienti nominem. Etenim haec conficta arbitror esse a poetis ut effictos nostros mores in alienis personis expressamque imaginem vitae cotidianae videremus. (48) Age nunc, refer animum sis ad veritatem et considera non modo in Umbria atque in ea vicinitate sed in his veteribus municipiis quae studia a patribus familias maxime laudentur; iam profecto te intelleges

Erucius, nimm mir das folgende nicht übel; ich sage es nämlich nicht, um dir einen Vorwurf zu machen, sondern um dich zu belehren. (46) Wenn das Glück es dir auch nicht gegönnt hat, von einem Vater, der feststeht, abzustammen, an dem du erkennen könntest, wie das Gefühl eines Vaters gegenüber seinen Kindern beschaffen ist, so hat die Natur dich doch wenigstens mit einem nicht zu geringen Maß an menschlichem Empfinden ausgestattet; hinzu kommt dein Bildungseifer, so daß du auch in der Literatur kein Fremder bist. Erscheint es dir denn etwa so – um auf Theaterstücke zu kommen –, als ob jener Alte bei Caecilius den Eutychus, den bäuerlich-schlichten Sohn, weniger mochte als den anderen, den Chaerestratus[13] (denn so heißt er, wie ich glaube)? Meinst du, daß er den einen zur Auszeichnung in der Stadt bei sich hatte, den anderen zur Strafe aufs Land verbannt hat? (47) »Was schweifst du zu solchen Albernheiten ab?« wirst du sagen. Als ob es für mich schwierig wäre, beliebig viele Leute mit Namen anzuführen, meine Tribusgenossen[14] oder Nachbarn, um nicht zu weit abzuschweifen, die sich wünschen, daß gerade die von ihren Kindern, die sie am meisten mögen, ihr ganzes Leben Landwirte sind. Aber es ist anstößig, bekannte Leute anzuführen, da es einerseits ungewiß ist, ob sie genannt werden wollen, und euch andererseits niemand bekannter sein wird, als dieser Eutychus es ist, und es jedenfalls für die Sache keinen Unterschied macht, ob ich diesen jungen Mann aus der Komödie nenne oder jemanden aus der Mark von Veji[15]. Denn ich glaube, daß von den Dichtern diese Bilder erdacht worden sind, damit wir in fremden Masken ein Abbild unserer Sitten und einen bildhaften Abdruck des täglichen Lebens sähen. (48) Also wende jetzt bitte deinen Sinn wieder der Wirklichkeit zu und überlege dir, welche Betätigungen von den Familienvätern am meisten gelobt werden, nicht nur in Umbrien und der benachbarten Gegend, sondern auch in den alten Landstädten hier; dann wirst du bestimmt erkennen, daß

inopia criminum summam laudem Sex. Roscio vitio et culpae dedisse. 17 Ac non modo hoc patrum voluntate liberi faciunt sed permultos et ego novi et, nisi me fallit animus, unus quisque vestrum qui et ipsi incensi sunt studio quod ad agrum colendum attinet, vitamque hanc rusticam, quam tu probro et crimini putas esse oportere, et honestissimam et suavissimam esse arbitrantur. (49) Quid censes hunc ipsum Sex. Roscium quo studio et qua intellegentia esse in rusticis rebus? Ut ex his propinquis eius, hominibus honestissimis, audio, non tu in isto artificio accusatorio callidior es quam hic in suo. Verum, ut opinor, quoniam ita Chrysogono videtur qui huic nullum praedium reliquit, et artificium obliviscatur et studium deponat licebit. Quod tametsi miserum et indignum est, feret tamen aequo animo, iudices, si per vos vitam et famam potest obtinere; hoc vero est quod ferri non potest, si et in hanc calamitatem venit propter praediorum bonitatem et multitudinem et quod ea studiose coluit, id erit ei maxime fraudi, ut parum miseriae sit quod aliis coluit non sibi, nisi etiam quod omnino coluit crimini fuerit.

18 (50) Ne tu, Eruci, accusator esses ridiculus, si illis temporibus natus esses cum ab aratro arcessebantur qui consules fierent. Etenim qui praeesse agro colendo flagitium putes, profecto illum Atilium quem sua manu spargentem semen qui missi erant convenerunt hominem turpissimum atque inhonestissimum iudicares. At hercule

du aus Mangel an Anklagepunkten dem Sextus Roscius das höchste Lob als Fehler und Schuld angerechnet hast.

17 Und diese Tätigkeit üben die Kinder nicht nur infolge des Wunsches der Väter aus, sondern ich und, wenn ich mich nicht täusche, ein jeder von euch kennt sehr viele, die selbst von Begeisterung für die Landwirtschaft entflammt sind und glauben, daß dieses Landleben, das nach deiner Auffassung notwendigerweise Schimpf und Vorwurf einbringt, sehr achtbar und angenehm ist. (49) Was meinst du, welche Begeisterung und welche Sachkenntnis gerade unser Sextus Roscius auf dem Gebiete der Landwirtschaft besitzt? Wie ich von seinen Verwandten hier, sehr geachteten Leuten, höre, bist du nicht schlauer in deinem Ankläger-Handwerk als er in dem seinen. Aber freilich wird es ihm jetzt erlaubt sein, dieses Handwerk zu vergessen und seinen Eifer abzulegen, da es Chrysogonus so richtig erscheint, der ihm kein Landgut gelassen hat. Wenn dies auch jammervoll und empörend ist, so wird er es doch mit Gleichmut tragen, ihr Richter, wenn er durch euch Leben und Ehre sich erhalten kann; das aber ist es, was unerträglich ist, wenn er wegen der Qualität und der Menge seiner Güter auch noch in dieses Unheil gerät und wenn ihm am meisten schadet, daß er diese Güter mit Eifer bewirtschaftet hat, so daß es nicht genug des Elends ist, daß er sie für andere bewirtschaftet hat, nicht für sich, vielmehr ihm auch sogar schon zum Vorwurf gemacht wird, daß er sie überhaupt bewirtschaftet hat.

18 (50) Wahrlich, Erucius, du wärest ein lächerlicher Ankläger, wenn du in jenen Zeiten geboren wärest, als man die Männer, die Konsuln werden sollten, vom Pflug herbeirief. Denn da du es schon für eine Schande hältst, die Bestellung des Landes zu beaufsichtigen, hättest du gewiß jenen bekannten Atilius, den die Abgesandten antrafen, wie er mit eigener Hand den Samen ausstreute,[16] für einen ganz schändlichen und ehrlosen Menschen gehalten. Aber beim Herkules, unsere Vorfahren dachten

maiores nostri longe aliter et de illo et de ceteris talibus viris existimabant itaque ex minima tenuissimaque re publica maximam et florentissimam nobis reliquerunt. Suos enim agros studiose colebant, non alienos cupide appetebant; quibus rebus et agris et urbibus et nationibus rem publicam atque hoc imperium et populi Romani nomen auxerunt. (51) Neque ego haec eo profero quo conferenda sint cum hisce de quibus nunc quaerimus, sed ut illud intellegatur, cum apud maiores nostros summi viri clarissimique homines qui omni tempore ad gubernacula rei publicae sedere debebant tamen in agris quoque colendis aliquantum operae temporisque consumpserint, ignosci oportere ei homini qui se fateatur esse rusticum, cum ruri adsiduus semper vixerit, cum praesertim nihil esset quod aut patri gratius aut sibi iucundius aut re vera honestius facere posset.

(52) Odium igitur acerrimum patris in filium ex hoc, opinor, ostenditur, Eruci, quod hunc ruri esse patiebatur. Numquid est aliud? ›Immo vero‹ inquit ›est; nam istum exheredare in animo habebat.‹ Audio; nunc dicis aliquid quod ad rem pertineat; nam illa, opinor, tu quoque concedis levia esse atque inepta: ›Convivia cum patre non inibat.‹ Quippe, qui ne in oppidum quidem nisi perraro veniret. ›Domum suam istum non fere quisquam vocabat.‹ Nec mirum, qui neque in urbe viveret neque revocaturus esset. 19 (53) Verum haec tu quoque intellegis esse nugatoria; illud quod coepimus videamus, quo certius argumentum odi reperiri nullo modo

ganz anders über ihn und über die anderen Männer von solcher Art, und so haben sie den Staat, den sie uns hinterließen, aus dem kleinsten und schwächsten zum größten und blühendsten gemacht. Denn sie pflegten mit Eifer ihre eigenen Äcker zu bebauen und nicht in Gier nach fremden zu greifen; und damit haben sie durch Land, Städte und Völker den Staat und das Reich sowie den Namen des römischen Volkes vergrößert. (51) Ich bringe dies nicht deshalb vor, damit man sie mit dem vergleiche, was wir jetzt untersuchen, sondern damit man folgendes einsieht: da bei unseren Vorfahren die höchstgestellten Männer und die berühmtesten Leute, die zu jeder Zeit am Staatsruder zu sitzen verpflichtet waren, dennoch ein beträchtliches Maß an Mühe und Zeit auch auf den Ackerbau verwendet haben, muß man doch wohl einem Menschen verzeihen, der zugibt, ein Landmann zu sein, da er ohne Unterbrechung immer auf dem Lande gelebt hat, zumal er keine Tätigkeit hätte ausüben können, die dem Vater lieber oder für ihn selbst erfreulicher oder bei richtiger Beurteilung ehrenhafter gewesen wäre.

(52) Der bittere Haß des Vaters auf den Sohn zeigt sich also, vermutlich, darin, Erucius, daß er ihn auf dem Lande leben ließ. Gibt es sonst noch etwas? »Ja doch«, erklärt er, »es gibt noch etwas; der Vater hatte nämlich die Absicht, ihn zu enterben.« Das läßt sich hören; jetzt sagst du wirklich etwas, das zur Sache gehört. Denn auch du, vermute ich, gibst zu, daß die folgenden Punkte unerheblich und töricht sind: »Er besuchte keine Gastmähler mit seinem Vater.« Natürlich nicht, da er ja überhaupt nur selten in eine Stadt kam. »Fast niemand lud ihn in sein Haus.« Kein Wunder, da er weder in Rom lebte, noch in der Lage war, eine Gegeneinladung aussprechen zu können. 19 (53) Aber dies sind läppische Dinge, wie auch du einsiehst; daher wollen wir jenen Punkt untersuchen, mit dem wir den Anfang gemacht haben; denn ein sichererer Beweis für Haß als dieser läßt

potest. ›Exheredare pater filium cogitabat.‹ Mitto quaerere qua de causa; quaero qui scias; tametsi te dicere atque enumerare causas omnis oportebat, et id erat certi accusatoris officium qui tanti sceleris argueret explicare omnia vitia ac peccata fili quibus incensus parens potuerit animum inducere ut naturam ipsam vinceret, ut amorem illum penitus insitum eiceret ex animo, ut denique patrem esse sese oblivisceretur; quae sine magnis huiusce peccatis accidere potuisse non arbitror. (54) Verum concedo tibi ut ea praetereas quae, cum taces, nulla esse concedis; illud quidem, voluisse exheredare, certe tu planum facere debes. Quid ergo adfers qua re id factum putemus? Vere nihil potes dicere; finge aliquid saltem commode ut ne plane videaris id facere quod aperte facis, huius miseri fortunis et horum virorum talium dignitati inludere. Exheredare filium voluit. Quam ob causam? ›Nescio.‹ Exheredavitne? ›Non.‹ Quis prohibuit? ›Cogitabat.‹ Cogitabat? cui dixit? ›Nemini.‹ Quid est aliud iudicio ac legibus ac maiestate vestra abuti ad quaestum atque ad libidinem nisi hoc modo accusare atque id obicere quod planum facere non modo non possis verum ne coneris quidem? (55) Nemo nostrum est, Eruci, quin sciat tibi inimicitias cum Sex. Roscio nullas esse; vident omnes qua de causa huic inimicus venias; sciunt huiusce pecunia te adductum esse. Quid ergo est? Ita tamen quaestus te

sich unmöglich finden. »Der Vater dachte daran, den Sohn zu enterben.« Ich unterlasse es zu fragen, aus welchem Grunde; ich frage nur, wie du davon Kenntnis erhalten hast; gleichwohl hättest du alle Gründe vorbringen und aufzählen müssen, und es wäre die Pflicht eines gewissenhaften Anklägers, der jemanden eines so schweren Verbrechens bezichtigt, gewesen, alle Laster und Verfehlungen des Sohnes auszubreiten, über die erbittert der Vater es über sich gewonnen hätte, den natürlichen Trieb selbst zu besiegen, jene tief eingepflanzte Liebe aus seinem Herzen zu reißen, kurz, zu vergessen, daß er Vater sei: daß dies ohne große Verfehlungen des Sohnes hätte geschehen können, glaube ich nicht. (54) Aber ich gestehe dir zu, die Punkte zu übergehen, deren Nichtigkeit du durch dein Schweigen zugibst. Aber den Punkt, daß er ihn habe enterben wollen, mußt du doch wenigstens deutlich machen. Was also bringst du bei, auf Grund dessen wir an eine solche Maßnahme glauben könnten? In Wahrheit kannst du nichts sagen; so denke dir wenigstens etwas Passendes aus, damit du nicht zu deutlich das zu tun scheinst, was du offen tust, nämlich mit dem Schicksal dieses Unglücklichen und der Würde dieser vorzüglichen Männer dein Spiel zu treiben. Er wollte seinen Sohn enterben. Warum? »Ich weiß es nicht.« Hat er ihn tatsächlich enterbt? »Nein.« Wer hinderte ihn daran? »Er hatte es vor.« Er hatte es vor? Zu wem sprach er davon? »Zu niemandem.« Bedeutet es nicht, das Gericht, die Gesetze und Eure Hoheit zu Erwerbszwecken und nach Belieben zu mißbrauchen, wenn man nur das als Anklage und Vorwürfe vorbringt, was man nicht nur nicht beweisen kann, sondern nicht einmal zu beweisen versucht. (55) Es gibt niemanden unter uns, Erucius, der nicht wüßte, daß zwischen dir und Sextus Roscius keine Feindschaft besteht; alle sehen, warum du hier gegen ihn als Gegner auftrittst; sie wissen, daß das Geld des T. Roscius dich dazu veranlaßt hat. Wie steht es also? Wenn du auch noch so gewinnsüchtig warst, hättest du doch

cupidum esse oportebat ut horum existimationem et legem Remmiam putares aliquid valere oportere.

20 (56) Accusatores multos esse in civitate utile est ut metu contineatur audacia; verum tamen hoc ita est utile ut ne plane inludamur ab accusatoribus. Innocens est quispiam, verum tamen, quamquam abest a culpa, suspicione tamen non caret; tametsi miserum est, tamen ei qui hunc accuset possim aliquo modo ignoscere. Cum enim aliquid habeat quod possit criminose ac suspiciose dicere, aperte ludificari et calumniari sciens non videatur. Qua re facile omnes patimur esse quam plurimos accusatores, quod innocens, si accusatus sit, absolvi potest, nocens, nisi accusatus fuerit, condemnari non potest; utilius est autem absolvi innocentem quam nocentem causam non dicere. Anseribus cibaria publice locantur et canes aluntur in Capitolio ut significent si fures venerint. At fures internoscere non possunt, significant tamen si qui noctu in Capitolium venerint et, quia id est suspiciosum, tametsi bestiae sunt, tamen in eam partem potius peccant quae est cautior. Quod si luce quoque canes latrent cum deos salutatum aliqui venerint, opinor, eis crura suffringantur, quod acres sint etiam tum cum suspicio nulla sit. (57) Simillima est accusatorum ratio. Alii vestrum anseres sunt qui tantum modo clamant, nocere non possunt, alii canes qui et latrare et mordere possunt. Cibaria vobis praeberi videmus; vos autem maxime debetis in eos impetum

glauben müssen, daß die Meinung der Richter über dich und das Remmische Gesetz[17] etwas gelten müssen.

20 (56) Daß es viele Ankläger in der Bürgerschaft gibt, ist nützlich, damit die Verwegenheit durch Furcht in Schranken gehalten wird; das ist jedoch nur unter der Voraussetzung nützlich, daß wir von den Anklägern nicht geradezu zum besten gehalten werden. Jemand ist unschuldig, jedoch, obwohl ohne Schuld, ist er doch nicht frei von Verdacht; wenn es auch beklagenswert ist, könnte ich doch dem Mann, der Roscius anklagt, irgendwie verzeihen. Denn da er tatsächlich etwas hat, was er vorbringen kann, um Beschuldigung und Verdacht zu begründen, sieht es nicht so aus, als wolle er unverhohlen sich einen Spaß erlauben und wissentlich das Recht verdrehen. Deshalb lassen wir alle es uns gern gefallen, daß es möglichst viele Ankläger gibt, weil man einen Unschuldigen, wenn er angeklagt wird, freisprechen, einen Schuldigen aber, wenn er nicht angeklagt wird, nicht verurteilen kann; es ist aber zuträglicher, wenn man einen Unschuldigen freispricht, als wenn ein Schuldiger sich der Verantwortung entzieht. Den Gänsen wird von Staats wegen Futter ausgeschrieben,[18] und Hunde werden auf dem Kapitol gefüttert, damit sie melden, wenn Diebe kommen. Aber sie können Diebe nicht von anderen unterscheiden, dennoch melden sie, wenn nachts Leute auf das Kapitol kommen, und weil das verdächtig ist, machen sie, auch wenn sie nur Tiere sind, doch lieber nach der Seite etwas verkehrt, die sicherer ist. Falls aber die Hunde auch bei Tageslicht bellen sollten, wenn Leute kommen, um die Götter zu grüßen, dann meine ich, sollte man ihnen die Beine brechen, weil sie auch dann scharf sind, wenn kein Grund zum Verdacht besteht. (57) Ganz ähnlich verhält es sich mit den Anklägern. Die einen von euch sind Gänse, die nur schreien, aber nicht schaden können; die anderen sind Hunde, die sowohl bellen wie beißen können. Wir sehen, daß man euch Nahrung gewährt; ihr aber müßt eure Angriffe in erster

facere qui merentur. Hoc populo gratissimum est. Deinde, si voletis, etiam tum cum veri simile erit aliquem commisisse, in suspicione latratote; id quoque concedi potest. Sin autem sic agetis ut arguatis aliquem patrem occidisse neque dicere possitis aut qua re aut quo modo, ac tantum modo sine suspicione latrabitis, crura quidem vobis nemo suffringet, sed, si ego hos bene novi, litteram illam cui vos usque eo inimici estis ut etiam Kal. omnis oderitis ita vehementer ad caput adfigent ut postea neminem alium nisi fortunas vestras accusare possitis.

21 (58) Quid mihi ad defendendum dedisti, bone accusator? quid hisce autem ad suspicandum? ›Ne exheredaretur veritus est.‹ Audio, sed qua de causa vereri debuerit nemo dicit. ›Habebat pater in animo.‹ Planum fac. Nihil est; non quicum deliberaverit, quem certiorem fecerit, unde istud vobis suspicari in mentem venerit. Cum hoc modo accusas, Eruci, nonne hoc palam dicis: ›Ego quid acceperim scio, quid dicam nescio; unum illud spectavi quod Chrysogonus aiebat neminem isti patronum futurum; de bonorum emptione deque ea societate neminem esse qui verbum facere auderet hoc tempore‹? Haec te opinio falsa in istam fraudem impulit; non me hercules verbum fecisses, si tibi quemquam responsurum putasses.

(59) Operae pretium erat, si animadvertistis, iudices, neglegentiam eius in accusando considerare. Credo, cum

Linie gegen die richten, die es verdienen. Dies ist dem Volk das liebste. Sodann bellt, wenn ihr wollt, auch dann, wenn es wahrscheinlich ist, daß jemand sich hat etwas zuschulden kommen lassen, auf bloßen Verdacht hin; auch das kann man zugestehen. Wenn ihr aber so handelt, daß ihr jemanden beschuldigt, er habe seinen Vater getötet, aber nicht sagen könnt, weshalb oder wie, und nur so bellt, ohne daß ein Grund zum Verdacht vorliegt, dann wird euch zwar niemand die Beine brechen, doch werden die Richter hier, wenn ich sie richtig kenne, euch jenen Buchstaben, dem ihr so ablehnend gegenübersteht, daß ihr sogar alle Kalenden[19] haßt, so kräftig auf die Stirn prägen, daß ihr hinterher keinen anderen mehr anklagen könnt als euer eigenes Schicksal.

21 (58) Was hast du vorgebracht, das ich als Verteidiger widerlegen müßte, trefflicher Ankläger? Was aber, daß diese Männer hier Verdacht schöpfen müßten? »Er fürchtete, enterbt zu werden.« Ich höre es; doch weshalb er das hätte fürchten müssen, sagt niemand. »Der Vater beabsichtigte es.« Beweise es. Es ist nichts damit: du kannst nicht beweisen, bei wem er sich Rat geholt hat, wen er verständigt hat, wie es euch in den Sinn gekommen ist, solches anzunehmen. Wenn du auf diese Weise Anklage erhebst, sagst du dann nicht offen: »Ich weiß, was ich erhalten habe; was ich sagen soll, weiß ich nicht; ich habe nur darauf geachtet, daß Chrysogonus sagte, niemand werde für Roscius als Anwalt auftreten; über den Aufkauf der Güter und über dieses Komplott werde bei den gegenwärtigen Zeitverhältnissen niemand ein Wort zu äußern wagen«? Diese falsche Annahme hat dich zu deinem heimtückischen Vorgehen veranlaßt; du hättest, beim Herkules, kein Wort geäußert, wenn du vermutet hättest, daß dir jemand antworten werde.

(59) Es war der Mühe wert, wenn ihr darauf geachtet habt, ihr Richter, seine Nachlässigkeit bei der Anklage zu beobachten. Als er sah, welche Leute auf den Bänken

vidisset qui homines in hisce subselliis sederent, quaesisse num ille aut ille defensurus esset; de me ne suspicatum quidem esse, quod antea causam publicam nullam dixerim. Postea quam invenit neminem eorum qui possunt et solent ita neglegens esse coepit ut, cum in mentem veniret ei, resideret, deinde spatiaretur, non numquam etiam puerum vocaret, credo, cui cenam imperaret, prorsus ut vestro consessu et hoc conventu pro summa solitudine abuteretur. Peroravit aliquando, adsedit; surrexi ego. 22 (60) Respirare visus est quod non alius potius diceret. Coepi dicere. Usque eo animadverti, iudices, eum iocari atque alias res agere ante quam Chrysogonum nominavi; quem simul atque attigi, statim homo se erexit, mirari visus est. Intellexi quid eum pepugisset. Iterum ac tertio nominavi. Postea homines cursare ultro et citro non destiterunt, credo, qui Chrysogono nuntiarent esse aliquem in civitate qui contra voluntatem eius dicere auderet; aliter causam agi atque ille existimaret, aperiri bonorum emptionem, vexari pessime societatem, gratiam potentiamque eius neglegi, iudices diligenter attendere, populo rem indignam videri. (61) Quae quoniam te fefellerunt, Eruci, quoniamque vides versa esse omnia, causam pro Sex. Roscio, si non commode, at libere dici, quem dedi putabas defendi intellegis, quos tradituros sperabas vides iudicare, restitue nobis aliquando veterem

hier saßen, da hat er gefragt, glaube ich, ob dieser oder jener die Verteidigung übernehmen werde; auf mich kam er nicht einmal im entferntesten, weil ich vorher noch nie in einer öffentlichen Sache als Redner aufgetreten bin. Als er niemanden von denen entdeckte, die reden können und gewöhnlich vor Gericht auftreten, da begann er sich so nachlässig zu benehmen, daß er sich setzte, sooft es ihm in den Sinn kam, dann wieder hin und her ging, bisweilen auch seinen Burschen herbeirief, um ihm, glaube ich, die Zubereitung des Essens aufzutragen, so daß er sich in eurer Sitzung und vor diesem Zuhörerkreis geradezu so aufführte, als ob er in tiefster Einsamkeit wäre. Schließlich beendete er seine Rede; er setzte sich. Ich erhob mich. 22 (60) Er schien erleichtert aufzuatmen, weil kein anderer sprechen würde. Ich begann zu sprechen. Ich habe bemerkt, ihr Richter, daß er so lange Witze machte und sich mit anderen Dingen befaßte, bis ich Chrysogonus nannte; sobald ich ihn erwähnte, richtete sich der Mensch sofort auf; er schien sich zu wundern. Mir war klar, was ihn empfindlich getroffen hatte. Zum zweiten und dritten Male nannte ich den Namen. Danach rannten unaufhörlich Leute hin und her, die, glaube ich, Chrysogonus melden sollten, es gebe jemanden unter den Bürgern, der es entgegen seinem Wunsche wage zu sprechen; der Prozeß verlaufe anders, als er geglaubt habe; der Güterkauf werde aufgedeckt; man nehme sich das Komplott in übelster Weise vor; man mache sich nichts aus seinem Einfluß und seiner Macht; die Richter hörten aufmerksam zu; dem Volk erscheine die Sache empörend. (61) Da du hierin dich also getäuscht hast, Erucius, und da du siehst, daß alles ins Gegenteil umgeschlagen ist – die Verteidigung des Sextus Roscius wird, wenn auch nicht angemessen, so doch freimütig geführt; du erkennst, daß man ihn, den man, wie du glaubtest, preisgeben werde, verteidigt; du siehst, daß die, die ihn nach deiner Erwartung ausliefern würden, Recht sprechen. So schenke uns endlich deine altbe-

tuam illam calliditatem atque prudentiam, confitere huc ea spe venisse quod putares hic latrocinium, non iudicium futurum.

De parricidio causa dicitur; ratio ab accusatore reddita non est quam ob causam patrem filius occiderit. (62) Quod in minimis noxiis et in his levioribus peccatis quae magis crebra et iam prope cotidiana sunt vel maxime et primum quaeritur, quae causa malefici fuerit, id Erucius in parricidio quaeri non putat oportere. In quo scelere, iudices, etiam cum multae causae convenisse unum in locum atque inter se congruere videntur, tamen non temere creditur, neque levi coniectura res penditur, neque testis incertus auditur, neque accusatoris ingenio res iudicatur. Cum multa antea commissa maleficia, cum vita hominis perditissima, tum singularis audacia ostendatur necesse est, neque audacia solum sed summus furor atque amentia. Haec cum sint omnia, tamen exstent oportet expressa sceleris vestigia, ubi, qua ratione, per quos, quo tempore maleficium sit admissum. Quae nisi multa et manifesta sunt, profecto res tam scelesta, tam atrox, tam nefaria credi non potest. (63) Magna est enim vis humanitatis; multum valet communio sanguinis; reclamitat istius modi suspicionibus ipsa natura; portentum atque monstrum certissimum est esse aliquem humana specie et figura qui tantum immanitate bestias vicerit ut, propter

kannte Schlauheit und Klugheit wieder; gestehe, daß du in der Hoffnung und Annahme hierhergekommen bist, hier werde ein Raubzug stattfinden, kein Rechtsverfahren.

Um Verwandtenmord geht es in diesem Prozeß; der Ankläger hat keinen Grund angeführt, warum der Sohn den Vater getötet habe. (62) Was bei den geringsten Vergehen und jenen leichteren Verfehlungen, die häufiger und schon fast alltäglich sind, am allermeisten und in erster Linie untersucht wird, nämlich welches das Motiv zur Untat gewesen ist, das braucht man nach der Meinung des Erucius bei einem Verwandtenmord nicht zu untersuchen. Bei diesem Verbrechen jedoch, ihr Richter, glaubt man auch dann nicht blindlings, wenn viele Motive sich zu einer Kette zu schließen und miteinander zu harmonieren scheinen; auch wägt man den Fall nicht mit leichtfertiger Vermutung ab, noch hört man auf einen unzuverlässigen Zeugen, noch entscheidet man den Fall nach der Fähigkeit des Anklägers. Nicht nur viele vorher begangene Untaten, nicht nur den völlig verdorbenen Lebenswandel dieses Menschen, sondern vor allem seine ungewöhnliche Skrupellosigkeit muß man nachweisen und nicht nur Skrupellosigkeit, sondern Raserei und Wahnsinn höchsten Grades. Wenn diese Umstände alle vorliegen, müssen dennoch deutlich ausgeprägte Spuren des Verbrechens vorhanden sein: wo, auf welche Weise, mit welchen Helfershelfern, zu welcher Zeit die Untat begangen worden ist. Denn wenn solche Spuren nicht zahlreich und mit Händen zu greifen sind, dann kann man wahrhaftig eine so verbrecherische, so scheußliche und so ruchlose Tat nicht glauben. (63) Groß nämlich ist die Macht menschlicher Liebe; viel vermag die Gemeinschaft des Blutes. Die Natur selbst sträubt sich gegen solche Verdächtigungen; es ist das sicherste Zeichen übler Vorbedeutung und Widernatürlichkeit, wenn es jemanden in menschlicher Erscheinung und Gestalt gibt, der an Roheit die wilden Tiere so weit übertrifft, daß er die

quos hanc suavissimam lucem aspexerit, eos indignissime luce privarit, cum etiam feras inter sese partus atque educatio et natura ipsa conciliet.

23 (64) Non ita multis ante annis aiunt T. Caelium quendam Terracinensem, hominem non obscurum, cum cenatus cubitum in idem conclave cum duobus adulescentibus filiis isset, inventum esse mane iugulatum. Cum neque servus quisquam reperiretur neque liber ad quem ea suspicio pertineret, id aetatis autem duo filii propter cubantes ne sensisse quidem se dicerent, nomina filiorum de parricidio delata sunt. Quid poterat tam esse suspiciosum? neutrumne sensisse? ausum autem esse quemquam se in id conclave committere eo potissimum tempore cum ibidem essent duo adulescentes filii qui et sentire et defendere facile possent? Erat porro nemo in quem ea suspicio conveniret. (65) Tamen, cum planum iudicibus esset factum aperto ostio dormientis eos repertos esse, iudicio absoluti adulescentes et suspicione omni liberati sunt. Nemo enim putabat quemquam esse qui, cum omnia divina atque humana iura scelere nefario polluisset, somnum statim capere potuisset, propterea quod qui tantum facinus commiserunt non modo sine cura quiescere sed ne spirare quidem sine metu possunt.

24 (66) Videtisne quos nobis poetae tradiderunt patris ulciscendi causa supplicium de matre sumpsisse, cum praesertim deorum immortalium iussis atque oraculis id fecisse dicantur, tamen ut eos agitent Furiae neque con-

auf schmachvollste Weise des Lichtes beraubt, denen er den Anblick dieses so herrlichen Lichtes verdankt, da doch sogar die wilden Tiere Geburt und Aufzucht und die Natur selbst untereinander verbindet.

23 (64) Vor nicht allzu vielen Jahren, so erzählt man, habe sich ein gewisser T. Caelius aus Terracina[20], ein nicht unbekannter Mann, nach dem Essen mit seinen zwei erwachsenen Söhnen in dasselbe Zimmer zur Ruhe begeben, und am Morgen sei er ermordet aufgefunden worden. Da sich weder ein Sklave noch ein Freier finden ließ, gegen den sich der Tatverdacht hätte richten können, die beiden Söhne aber behaupteten (und das bei diesem Alter!), sie hätten nicht einmal etwas bemerkt, obwohl sie in der Nähe gelegen hatten, wurden die Söhne wegen Verwandtenmordes angeklagt. Was konnte so verdächtig sein? Keiner hätte etwas bemerkt? Jemand aber hätte es gewagt, sich in dieses Zimmer zu begeben, ausgerechnet zu der Zeit, als sich ebendort zwei erwachsene Söhne befanden, die leicht hätten etwas merken und Gegenwehr leisten können? Es war ferner niemand da, auf den der Verdacht hätte fallen können. (65) Da man jedoch den Richtern deutlich machte, daß man die jungen Männer bei offener Tür schlafend gefunden habe, wurden sie durch richterliche Entscheidung freigesprochen und von jedem Verdacht befreit. Denn niemand glaubte, daß es jemanden gebe, der sofort wieder Schlaf finden könne, nachdem er alles göttliche und menschliche Recht durch ein ruchloses Verbrechen entweiht habe, weil Menschen, die eine so schlimme Tat begangen haben, sich nicht nur nicht ohne Sorge der Ruhe hingeben, sondern nicht einmal ohne Furcht atmen können.

24 (66) Die Dichter haben uns überliefert, daß Söhne[21], um den Vater zu rächen, an der Mutter die Todesstrafe vollzogen haben, wobei sie noch dazu, wie es heißt, dies auf Grund von Befehlen und Orakelsprüchen der unsterblichen Götter getan haben: wißt ihr nicht, wie die Furien sie dennoch hetzen und sie niemals zur Ruhe

sistere umquam patiantur, quod ne pii quidem sine scelere esse potuerunt? Sic se res habet, iudices: magnam vim, magnam necessitatem, magnam possidet religionem paternus maternusque sanguis; ex quo si qua macula concepta est, non modo elui non potest verum usque eo permanat ad animum ut summus furor atque amentia consequatur. (67) Nolite enim putare, quem ad modum in fabulis saepenumero videtis, eos qui aliquid impie scelerateque commiserint agitari et perterreri Furiarum taedis ardentibus. Sua quemque fraus et suus terror maxime vexat, suum quemque scelus agitat amentiaque adficit, suae malae cogitationes conscientiaeque animi terrent; hae sunt impiis adsiduae domesticaeque Furiae quae dies noctesque parentium poenas a consceleratissimis filiis repetant. (68) Haec magnitudo malefici facit ut, nisi paene manifestum parricidium proferatur, credibile non sit, nisi turpis adulescentia, nisi omnibus flagitiis vita inquinata, nisi sumptus effusi cum probro atque dedecore, nisi prorupta audacia, nisi tanta temeritas ut non procul abhorreat ab insania. Accedat huc oportet odium parentis, animadversionis paternae metus, amici improbi, servi conscii, tempus idoneum, locus opportune captus ad eam rem; paene dicam, respersas manus sanguine paterno iudices videant oportet, si tantum facinus, tam immane, tam acerbum credituri sunt. (69) Qua re hoc quo minus

kommen lassen, weil sie nicht einmal trotz Erfüllung ihrer Kindespflicht frei von Frevel sein konnten? So ist es, ihr Richter: eine große Kraft, eine große Schicksalsgewalt, eine große heilige Bindung besitzt das Blut des Vaters und der Mutter; denn jeder Blutfleck, den man sich davon zuzieht, läßt sich nicht nur nicht abwaschen, sondern dringt so tief ins Herz, daß Raserei und Wahnsinn höchsten Grades die Folge ist. (67) Denn glaubt nicht, daß es sich so verhält, wie ihr es oft in Theaterstücken seht: daß die, die irgendeine gottlose und verbrecherische Tat begangen haben, durch die brennenden Fackeln der Furien umhergehetzt und in Schrecken gestürzt werden. Die eigene Hinterhältigkeit und die eigene Gewissensangst quält einen jeden am meisten; das eigene Verbrechen hetzt ihn umher und schlägt ihn mit Wahnsinn; die eigenen schlechten Gedanken und Gewissensbisse schrecken ihn: das sind die Furien, die den Gottlosen unermüdlich zusetzen und in ihrem Innern wohnen und die Tag und Nacht von den Söhnen, Auswüchsen von Verruchtheit, Sühne für die Eltern fordern. (68) Die Schwere dieser Untat ist der Grund dafür, daß sie kaum glaubhaft ist, wenn nicht ein fast mit Händen zu greifender Verwandtenmord ans Licht gebracht wird, wenn nicht eine schimpfliche Jugend, wenn nicht ein von allen nur denkbaren Lastern besudeltes Leben, wenn nicht mit Schimpf und Schande verschwendete Aufwendungen, wenn nicht eine hemmungslose Skrupellosigkeit, wenn nicht eine so tolldreiste Verwegenheit nachgewiesen wird, daß sie nicht mehr weit von Wahnsinn entfernt ist. Hierzu muß noch Haß des Vaters kommen, Furcht vor väterlicher Züchtigung, schlechte Freunde, eingeweihte Sklaven, ein geeigneter Zeitpunkt, ein für das Vorhaben günstig gewählter Ort; fast möchte ich sagen, die Richter müssen die vom Blute des Vaters bespritzten Hände sehen, wenn sie eine so schlimme, so rohe, so abstoßende Tat glauben sollen. (69) Deshalb muß man sie, je weniger sie glaubhaft ist, wenn sie nicht deutlich

est credibile, nisi ostenditur, eo magis est, si convincitur, vindicandum.

25 Itaque cum multis ex rebus intellegi potest maiores nostros non modo armis plus quam ceteras nationes verum etiam consilio sapientiaque potuisse, tum ex hac re vel maxime quod in impios singulare supplicium invenerunt. Qua in re quantum prudentia praestiterint eis qui apud ceteros sapientissimi fuisse dicuntur considerate. (70) Prudentissima civitas Atheniensium, dum ea rerum potita est, fuisse traditur; eius porro civitatis sapientissimum Solonem dicunt fuisse, eum qui leges quibus hodie quoque utuntur scripserit. Is cum interrogaretur cur nullum supplicium constituisset in eum qui parentem necasset, respondit se id neminem facturum putasse. Sapienter fecisse dicitur, cum de eo nihil sanxerit quod antea commissum non erat, ne non tam prohibere quam admonere videretur. Quanto nostri maiores sapientius! qui cum intellegerent nihil esse tam sanctum quod non aliquando violaret audacia, supplicium in parricidas singulare excogitaverunt ut, quos natura ipsa retinere in officio non potuisset, ei magnitudine poenae *a* maleficio summoverentur. Insui voluerunt in culleum vivos atque ita in flumen deici.

26 (71) O singularem sapientiam, iudices! Nonne videntur hunc hominem ex rerum natura sustulisse et eripuisse cui repente caelum, solem, aquam terramque ademerint ut, qui eum necasset unde ipse natus esset, careret eis rebus omnibus ex quibus omnia nata esse di-

ans Licht gebracht wird, um so schärfer bestrafen, wenn sie unwiderlegbar bewiesen wird.

25 Aus vielen anderen Dingen läßt sich daher erkennen, daß unsere Vorfahren nicht nur durch Waffengewalt mehr vermochten als die anderen Völker, sondern auch durch kluge und weise Überlegung; am allermeisten aber daraus, daß sie gegen Gottlose eine einzigartige Strafe erfanden. Denn überlegt, wie sehr sie hierin an Klugheit die übertroffen haben, die bei den anderen als die Weisesten gelten. (70) Die Bürgerschaft von Athen soll, solange sie im Besitz der Macht war, die größte Klugheit besessen haben; der Weiseste aber aus dieser Bürgerschaft, so sagt man, war Solon, der Mann, der die auch noch heute bei ihnen gültigen Gesetze schrieb. Als man ihn fragte, warum er keine Strafe für den festgesetzt habe, der den Vater getötet habe, antwortete er, er habe geglaubt, daß niemand so etwas tun werde. Man sagt, er habe weise gehandelt, da er für eine Tat keine Strafe verordnete, die vorher noch nie begangen worden war, um nicht den Eindruck zu erwecken, als wolle er nicht so sehr abschrecken wie anregen. Wie viel weiser handelten unsere Vorfahren! Da sie sich nämlich darüber im klaren waren, daß nichts so heilig ist, daß skrupellose Verwegenheit es nicht irgendwann einmal verletzt, dachten sie sich für Verwandtenmörder eine einzigartige Strafe aus, um die, die die Natur selbst nicht auf der Bahn der Ehrfurcht festzuhalten vermöge, durch die Schwere der Strafe von der Untat abzuschrecken. Sie bestimmten, daß man sie lebendig in einen Ledersack einnähe und so in den Fluß werfe.[22]

26 (71) Welch einzigartige Weisheit, ihr Richter! Hat es nicht den Anschein, als ob sie diesen Menschen aus der Welt geschafft und gerissen hätten, da sie ihm mit einem Schlage Himmel, Sonne, Wasser und Erde genommen haben, so daß er, der den getötet hat, durch den er selbst entstanden ist, alle die Elemente entbehren muß, aus denen alles, wie es heißt, entstanden ist? Sie wollten nicht

cuntur? Noluerunt feris corpus obicere ne bestiis quoque quae tantum scelus attigissent immanioribus uteremur; non sic nudos in flumen deicere ne, cum delati essent in mare, ipsum polluerent quo cetera quae violata sunt expiari putantur; denique nihil tam vile neque tam volgare est cuius partem ullam reliquerint. (72) Etenim quid tam est commune quam spiritus vivis, terra mortuis, mare fluctuantibus, litus eiectis? Ita vivunt, dum possunt, ut ducere animam de caelo non queant, ita moriuntur ut eorum ossa terra non tangat, ita iactantur fluctibus ut numquam adluantur, ita postremo eiciuntur ut ne ad saxa quidem mortui conquiescant. Tanti malefici crimen, cui maleficio tam insigne supplicium est constitutum, probare te, Eruci, censes posse talibus viris, si ne causam quidem malefici protuleris? Si hunc apud bonorum emptores ipsos accusares eique iudicio Chrysogonus praeesset, tamen diligentius paratiusque venisses. (73) Utrum quid agatur non vides, an apud quos agatur? Agitur de parricidio quod sine multis causis suscipi non potest; apud homines autem prudentissimos agitur qui intellegunt neminem ne minimum quidem maleficium sine causa admittere.

27 Esto, causam proferre non potes. Tametsi statim vicisse debeo, tamen de meo iure decedam et tibi quod in

seinen Leichnam den wilden Tieren vorwerfen, damit wir es nicht auch noch mit Bestien zu tun bekämen, die durch die Berührung mit einem solchen Scheusal noch schrecklicher geworden seien; sie wollten solche Verbrecher nicht einfach so nackt in den Fluß werfen, damit sie nicht, wenn sie ins Meer hinabgetrieben würden, gerade das Element verunreinigten, durch das alle anderen Beflekkungen, wie man glaubt, entsühnt werden. Kurz, es gibt nichts, das so wertlos und so gewöhnlich wäre, daß unsere Vorfahren ihnen daran irgendeinen Anteil gelassen hätten. (72) Denn was ist in solchem Maße Gemeingut wie die Luft für die Lebenden, die Erde für die Toten, das Meer für die Umhertreibenden, das Ufer für die Schiffbrüchigen? Die Verwandtenmörder aber leben so, solange sie können, daß sie die Himmelsluft nicht einzuatmen vermögen; sie sterben so, daß die Erde ihre Gebeine nicht berührt; sie werden so von den Wellen umhergeworfen, daß sie niemals von ihnen berührt werden; schließlich stranden sie, aber doch so, daß sie im Tode nicht einmal an den Felsen Ruhe finden. Den Vorwurf einer solchen Untat, für die eine so beispiellose Strafe festgesetzt ist, meinst du, Erucius, so vorzüglichen Männern glaubhaft machen zu können, wenn du nicht einmal ein Motiv für die Untat vorbringst? Auch wenn du Roscius vor den Käufern seiner Güter selbst anklagtest und wenn Chrysogonus Vorsitzender dieses Gerichtes wäre, hättest du doch sorgfältiger vorbereitet kommen sollen. (73) Begreifst du nicht, was verhandelt wird oder vor wem verhandelt wird? Verhandelt wird über Verwandtenmord, den man ohne zahlreiche Motive nicht zu begehen vermag, und es wird vor sehr kundigen Männern verhandelt, die wissen, daß niemand auch nur die kleinste Untat ohne ein Motiv sich zuschulden kommen läßt.

27 Nun gut – du kannst kein Motiv vorbringen. Wiewohl ich eigentlich auf der Stelle der Sieger sein müßte, will ich doch von meinem Recht abgehen und dir in die-

alia causa non concederem in hac concedam fretus huius innocentia. Non quaero abs te qua re patrem Sex. Roscius occiderit, quaero quo modo occiderit. Ita quaero abs te, C. Eruci: quo modo, et sic tecum agam ut meo loco vel respondendi vel interpellandi tibi potestatem faciam vel etiam, si quid voles, interrogandi. (74) Quo modo occidit? ipse percussit an aliis occidendum dedit? Si ipsum arguis, Romae non fuit; si per alios fecisse dicis, quaero quos? Servosne an liberos? *Si liberos*, quos homines? indidemne Ameria an hosce ex urbe sicarios? Si Ameria, qui sunt ei? cur non nominantur? si Roma, unde eos noverat Roscius qui Romam multis annis non venit neque umquam plus triduo fuit? ubi eos convenit? qui conlocutus est? quo modo persuasit? ›Pretium dedit‹; cui dedit? per quem dedit? unde aut quantum dedit? Nonne his vestigiis ad caput malefici perveniri solet? Et simul tibi in mentem veniat facito quem ad modum vitam huiusce depinxeris; hunc hominem ferum atque agrestem fuisse, numquam cum homine quoquam conlocutum esse, numquam in oppido constitisse. (75) Qua in re praetereo illud quod mihi maximo argumento ad huius innocentiam poterat esse, in rusticis moribus, in victu arido, in hac horrida incultaque vita istius modi maleficia gigni non solere. Ut non omnem frugem neque arborem in omni agro reperire possis, sic non omne facinus in omni vita nascitur. In urbe luxuries creatur, ex luxuria

ser Sache im Vertrauen auf die Unschuld des Angeklagten zugestehen, was ich in einer anderen Sache nicht zugestehen würde. Ich frage dich also nicht, weshalb Sextus Roscius seinen Vater getötet hat; ich frage, wie er ihn getötet hat. So frage ich dich, C. Erucius: Wie? Und ich will so mit dir verfahren, daß ich dir, obwohl ich mit Reden an der Reihe bin, die Möglichkeit gebe, zu antworten oder mich zu unterbrechen oder auch zu befragen, sooft du willst. (74) Wie hat er ihn getötet? Hat er ihn selbst erstochen, oder erteilte er anderen den Auftrag, ihn zu töten? Wenn du behauptest »er selbst«, so antworte ich: er war nicht in Rom. Wenn du sagst, er habe die Tat durch andere ausführen lassen, so frage ich: Durch wen? Durch Sklaven oder Freie? Wenn durch Freie, durch was für Leute? Durch Leute von ebendort, aus Ameria, oder durch Banditen hier aus der Stadt? Wenn durch Leute aus Ameria: wer sind sie? Warum nennt man sie nicht? Wenn durch Leute aus Rom: woher kannte Roscius sie, der in vielen Jahren nicht nach Rom kam und sich niemals länger als drei Tage dort aufhielt? Wo traf er sie? Wie hat er mit ihnen gesprochen? Auf welche Weise hat er sie überredet? »Er gab Geld.« Wem gab er es? Durch wen gab er es? Durch welche Bank ließ er es auszahlen und wieviel? Gelangt man nicht gewöhnlich durch solche Spuren zum Ursprung der Untat? Und erinnere dich doch zugleich daran, was für ein Bild du von der Lebensweise des Roscius gezeichnet hast: er sei ein ungeschliffener und bäuerlicher Mensch gewesen, habe sich niemals mit einem Menschen unterhalten und sich niemals in einer Stadt aufgehalten. (75) Hierbei nun übergehe ich den Punkt, der mir als stärkster Beweis für die Unschuld des Angeklagten dienen könnte: daß die bäuerlichen Sitten, die karge Kost, diese rauhe und einfache Lebensweise derartige Untaten nicht hervorzubringen pflegen. Wie man nicht jede Frucht oder jeden Baum auf jedem Boden finden kann, so entsteht auch nicht jede Untat bei jeder Lebensweise. In der Stadt ent-

exsistat avaritia necesse est, ex avaritia erumpat audacia, inde omnia scelera ac maleficia gignuntur; vita autem haec rustica quam tu agrestem vocas parsimoniae, diligentiae, iustitiae magistra est.

28 (76) Verum haec missa facio; illud quaero, is homo *qui*, ut tute dicis, numquam inter homines fuerit, per quos homines hoc tantum facinus, tam occultum, absens praesertim, conficere potuerit. Multa sunt falsa, iudices, quae tamen argui suspiciose possunt; in his rebus si suspicio reperta erit, culpam inesse concedam. Romae Sex. Roscius occiditur, cum in agro Amerino esset filius. Litteras, credo, misit alicui sicario qui Romae noverat neminem. Arcessivit aliquem. Quem aut quando? Nuntium misit. Quem aut ad quem? Pretio, gratia, spe, promissis induxit aliquem. Nihil horum ne confingi quidem potest; et tamen causa de parricidio dicitur.

(77) Reliquum est ut per servos id admiserit. O, di immortales, rem miseram et calamitosam! Quid? In tali crimine quod innocenti saluti solet esse ut servos in quaestionem polliceatur, id Sex. Roscio facere non licet? Vos qui hunc accusatis omnis eius servos habetis; unus puer victus cotidiani administer ex tanta familia Sex. Roscio relictus non est. Te nunc appello, P. Scipio, te, *M.* Metelle; vobis advocatis, vobis agentibus aliquotiens duos

wickelt sich Verschwendungssucht, aus der Verschwendungssucht entsteht unvermeidlich die Habgier, aus der Habgier bricht in gleicher Weise Skrupellosigkeit hervor, und daraus entspringen alle Verbrechen und Untaten; diese ländliche Lebensweise aber, die du bäuerlich nennst, ist die Schule der Sparsamkeit, der Gewissenhaftigkeit und der Redlichkeit.

28 (76) Doch dies lasse ich nun beiseite. Danach nur frage ich: durch welche Menschen konnte dieser Mensch, der, wie du sagst, niemals unter Menschen gewesen ist, eine so schlimme, so geheimnisvolle Tat, zumal er abwesend war, vollbringen lassen? Vieles ist falsch, ihr Richter, was man gleichwohl so vorbringen kann, daß Verdacht erregt wird; wenn in diesem Falle sich ein Verdacht entdecken läßt, will ich zugeben, daß Schuld dahinterliegt. Sextus Roscius wird in Rom ermordet, während sich der Sohn auf dem Lande bei Ameria aufhielt. Er schickte vermutlich einem Banditen ein Schreiben, er, der in Rom niemanden kannte. Er ließ jemanden zu sich holen. Wen oder wann? Er schickte einen Boten. Wen oder zu wem? Er stiftete jemanden an, durch Geld, durch Gunsterweis, durch Weckung von Erwartungen, durch Versprechungen. Nichts davon läßt sich auch nur ausdenken, und dennoch erhebt man hier Anklage wegen Verwandtenmord.

(77) Übrig bleibt nur noch die Möglichkeit, daß er die Tat mit Hilfe von Sklaven begangen hat. Ihr unsterblichen Götter, was für eine erbärmliche und unheilvolle Lage! Wie? Womit sich der Unschuldige bei einem solchen Vorwurf zu retten pflegt, nämlich daß er seine Sklaven zum peinlichen Verhör freigibt,[23] das soll Sextus Roscius nicht tun dürfen? Ihr, die ihr ihn anklagt, habt alle seine Sklaven; keinen einzigen Burschen als Diener für die täglichen Lebensbedürfnisse hat man dem Sextus Roscius aus einem so zahlreichen Gesinde gelassen. Auf dich berufe ich mich jetzt, P. Scipio, und auf dich, M. Metellus; mit eurem Beistand, auf euren Antrieb hin hat

servos paternos in quaestionem ab adversariis Sex. Roscius postulavit; meministisne T. Roscium recusare? Quid? ei servi ubi sunt? Chrysogonum, iudices, sectantur; apud eum sunt in honore et in pretio. Etiam nunc ut ex eis quaeratur ego postulo, hic orat atque obsecrat. (78) Quid facitis? cur recusatis? Dubitate etiam nunc, iudices, si potestis, a quo sit Sex. Roscius occisus, ab eone qui propter illius mortem in egestate et *in* insidiis versatur, cui ne quaerendi quidem de morte patris potestas permittitur, an ab eis qui quaestionem fugitant, bona possident, in caede atque ex caede vivunt. Omnia, iudices, in hac causa sunt misera atque indigna; tamen hoc nihil neque acerbius neque iniquius proferri potest: mortis paternae de servis paternis quaestionem habere filio non licet! Ne tam diu quidem dominus erit in suos dum ex eis de patris morte quaeratur? Veniam, neque ita multo postea, ad hunc locum; nam hoc totum ad Roscios pertinet, de quorum audacia tum me dicturum pollicitus sum, cum Eruci crimina diluissem.

29 (79) Nunc, Eruci, ad te venio. Conveniat mihi tecum necesse est, si ad hunc maleficium istud pertinet, aut ipsum sua manu fecisse, id quod negas, aut per aliquos liberos aut servos. Liberosne? quos neque ut convenire potuerit neque qua ratione inducere neque ubi neque per quos neque qua spe aut quo pretio potes osten-

Sextus Roscius einige Male von seinen Gegnern die Herausgabe von zwei vom Vater ererbten Sklaven für ein peinliches Verhör verlangt: erinnert ihr euch, wie T. Roscius das ablehnte? Wie? Wo sind diese Sklaven? Sie sind im Gefolge des Chrysogonus, ihr Richter; bei ihm stehen sie in Ehren und Wertschätzung. Man soll sie peinlich verhören, fordere ich auch jetzt noch, und darum bittet und fleht mein Klient. (78) Doch was tut ihr? Warum lehnt ihr es ab? So zweifelt auch jetzt noch, ihr Richter, wenn ihr es könnt, von wem Sextus Roscius ermordet worden ist: ob von dem, der infolge seines Todes in Armut und unter ständiger Bedrohung lebt, dem nicht einmal die Möglichkeit eingeräumt wird, über den Tod des Vaters ein peinliches Verhör anzustellen, oder von denen, die einem solchen Verhör ausweichen, die die Habe besitzen, die in Mordtaten und von Mordtaten leben. Alles, ihr Richter, ist in dieser Sache jämmerlich und empörend; dennoch kann man nichts vorbringen, was bitterer und ungerechter wäre als dies: der Sohn darf über den Tod des Vaters die Sklaven des Vaters nicht verhören! Soll er nicht einmal so lange Herr über seine Leute sein, bis man sie über den Tod des Vaters verhört? Ich werde auf diesen Punkt zurückkommen, und das ziemlich bald; denn diese ganze Geschichte fällt den Rosciern zur Last, über deren Skrupellosigkeit ich, wie ich versprochen habe, reden werde, wenn ich die Anschuldigungen des Erucius entkräftet habe.

29 (79) Jetzt komme ich wieder zu dir, Erucius! Hierüber muß zwischen dir und mir Einigkeit bestehen: wenn mein Klient mit dieser Untat zu tun hat, dann hat er sie entweder selbst mit eigener Hand ausgeführt, was du bestreitest, oder mit Hilfe anderer: Freier oder Sklaven. Mit Hilfe Freier? Wo du doch nicht zu erklären vermagst, wie er sie habe treffen, und nicht, auf welche Weise er sie habe verleiten können? Und nicht wo und nicht durch wen und nicht durch Weckung welcher Erwartungen oder für welchen Preis? Ich dagegen erkläre,

dere. Ego contra ostendo non modo nihil eorum fecisse Sex. Roscium sed ne potuisse quidem facere, quod neque Romae multis annis fuerit neque de praediis umquam temere discesserit. Restare tibi videbatur servorum nomen, quo quasi in portum reiectus a ceteris suspicionibus confugere posses; ubi scopulum offendis eius modi ut non modo ab hoc crimen resilire videas verum omnem suspicionem in vosmet ipsos recidere intellegas. (80) Quid ergo est quo tamen accusator inopia argumentorum confugerit? ›Eius modi tempus erat‹ inquit ›ut homines volgo impune occiderentur; qua re hoc tu propter multitudinem sicariorum nullo negotio facere potuisti.‹ Interdum mihi videris, Eruci, una mercede duas res adsequi velle, nos iudicio perfundere, accusare autem eos ipsos a quibus mercedem accepisti. Quid ais? volgo occidebantur? Per quos et a quibus? Nonne cogitas te a sectoribus huc adductum esse? Quid postea? Nescimus per ista tempora eosdem fere sectores fuisse collorum et bonorum? (81) Ei denique qui tum armati dies noctesque concursabant, qui Romae erant adsidui, qui omni tempore in praeda et *in* sanguine versabantur, Sex. Roscio temporis illius acerbitatem iniquitatemque obicient et illam sicariorum multitudinem in qua ipsi duces ac principes erant huic crimini putabunt fore? qui non modo Romae non fuit sed omnino quid Romae ageretur nescivit, propterea quod ruri adsiduus, quem ad modum tute confiteris, fuit.

daß Sextus Roscius nicht nur nichts von alledem getan hat, sondern nicht einmal hat tun können, weil er seit vielen Jahren nicht in Rom gewesen ist und niemals ohne Grund seine Güter verlassen hat. So blieb dir anscheinend nur die Nennung von Sklaven, zu der du, wie in einen Hafen, deine Zuflucht hättest nehmen können, nachdem du mit allen anderen Verdächtigungen nicht hattest landen können; dort aber prallst du derartig gegen eine Klippe, daß du die Beschuldigung nicht nur von meinem Klienten hier abprallen siehst, sondern auch erkennst, daß jeder Verdacht auf euch selbst zurückfällt. (80) Doch welche Ausflucht ist es nun, auf die der Ankläger aus Mangel an Beweisen verfallen ist? »Die Zeit war von der Art«, sagt er, »daß allenthalben Menschen straflos ermordet wurden; deshalb konntest du wegen der Menge der Banditen ohne jede Schwierigkeit die Tat ausführen.« Bisweilen kommt es mir so vor, Erucius, als wolltest du für *einen* Lohn zwei Dinge erreichen, uns mit dem gerichtlichen Verfahren nur naß zu machen, in Wirklichkeit aber gerade die anzuklagen, von denen du den Lohn empfangen hast. Was sagst du? Es wurde allenthalben gemordet? Durch wen und von wem? Bedenkst du nicht, daß du von Schlächtern hierhergeholt worden bist? Und was folgt daraus? Wissen wir denn nicht, daß während jener Zeiten ungefähr dieselben Leute Halsabschneider und Güterschlächter gewesen sind?[24] (81) Am Ende gar wollen sie, die damals Tag und Nacht bewaffnet herumliefen, die ständig in Rom waren, die sich während der ganzen Zeit mit Rauben und Blutvergießen befaßten, dem Sextus Roscius noch die bittere Grausamkeit und Rechtlosigkeit jener Zeit vorwerfen und glauben, man werde jene große Zahl von Meuchelmördern, in der sie selbst die Anführer und Häuptlinge waren, meinem Klienten hier zum Vorwurf machen? Der sich nicht nur nicht in Rom aufhielt, sondern überhaupt nicht wußte, was sich in Rom abspielte, weil er, wie du selbst zugibst, ständig auf dem Lande lebte.

(82) Vereor ne aut molestus sim vobis, iudices, aut ne ingeniis vestris videar diffidere, si de tam perspicuis rebus diutius disseram. Eruci criminatio tota, ut arbitror, dissoluta est; nisi forte exspectatis ut illa diluam quae de peculatu ac de eius modi rebus commenticiis inaudita nobis ante hoc tempus ac nova obiecit; quae mihi iste visus est ex alia oratione declamare quam in alium reum commentaretur; ita neque ad crimen parricidi neque ad eum qui causam dicit pertinebant; de quibus quoniam verbo arguit, verbo satis est negare. Si quid est quod ad testis reservet, ibi quoque nos, ut in ipsa causa, paratiores reperiet quam putabat.

30 (83) Venio nunc eo quo me non cupiditas ducit sed fides. Nam si mihi liberet accusare, accusarem alios potius ex quibus possem crescere; quod certum est non facere, dum utrumvis licebit. Is enim mihi videtur amplissimus qui sua virtute in altiorem locum pervenit, non qui ascendit per alterius incommodum et calamitatem. Desinamus aliquando ea scrutari quae sunt inania; quaeramus ibi maleficium ubi et est et inveniri potest; iam intelleges, Eruci, certum crimen quam multis suspicionibus coarguatur, tametsi neque omnia dicam et leviter unum quidque tangam. Neque enim id facerem, nisi necesse esset, et id erit signi me invitum facere, quod non per-

(82) Ich fürchte, daß ich euch lästig falle, ihr Richter, oder daß ich den Eindruck erwecke, eurem Fassungsvermögen zu mißtrauen, wenn ich länger über so durchsichtige Dinge spreche. Die Anschuldigung des Erucius ist, wie ich glaube, vollständig widerlegt; es sei denn, ihr erwartet etwa, daß ich die Anwürfe entkräfte, die er über Unterschleif[25] und derlei erdichtete Dinge vorgebracht hat, die uns bis zu diesem Zeitpunkt unbekannt und neu waren; dabei hatte ich den Eindruck, daß er diese Auslassungen einer anderen Rede entnahm, die er gegen einen anderen Angeklagten entworfen hatte. Denn so wenig bezogen sie sich auf den Vorwurf des Verwandtenmordes und auf die Person, die hier angeklagt ist. Da Erucius seine Vorwürfe nur mit knappen Worten vorgebracht hat, genügt es, sie mit knappen Worten zu bestreiten. Wenn er sich noch etwas für das Zeugenverhör aufgespart haben sollte, so wird er uns auch dann, wie in der Hauptverhandlung, besser gerüstet finden, als er glaubte.

30 (83) Ich komme jetzt zu dem Punkt, zu dem mich nicht der Hang zur Anklage, sondern die Pflichttreue führt. Denn wenn ich als Ankläger auftreten wollte, so würde ich eher andere Leute anklagen, auf deren Kosten ich emporkommen könnte. Ich bin jedoch fest entschlossen, das nicht zu tun, solange es mir freisteht, anzuklagen oder zu verteidigen. Denn der scheint mir das höchste Ansehen zu verdienen, der durch eigene Tüchtigkeit in eine höhere Stellung gelangt ist, nicht, wer durch den Schaden und das Unglück eines anderen aufgestiegen ist. Wir wollen endlich aufhören, die Dinge zu durchstöbern, die unergiebig sind; wir wollen die Untat dort suchen, wo sie ist und wo man sie finden kann! Dann wirst du erkennen, Erucius, durch wie viele Verdachtsgründe eine Anschuldigung erwiesen wird, wenn ich auch nicht alles sagen und jeden einzelnen Punkt nur oberflächlich berühren will. Denn ich würde das nicht tun, wenn es nicht unumgänglich wäre, und daß ich es nur ungern tue, mag

sequar longius quam salus huius et mea fides postulabit.

(84) Causam tu nullam reperiebas in Sex. Roscio; at ego in T. Roscio reperio. Tecum enim mihi res est, T. Rosci, quoniam istic sedes ac te palam adversarium esse profiteris. De Capitone post viderimus, si, quem ad modum paratum esse audio, testis prodierit; tum alias quoque suas palmas cognoscet de quibus me ne audisse quidem suspicatur. L. Cassius ille quem populus Romanus verissimum et sapientissimum iudicem putabat identidem in causis quaerere solebat ›cui bono‹ fuisset. Sic vita hominum est ut ad maleficium nemo conetur sine spe atque emolumento accedere. (85) Hunc quaesitorem ac iudicem fugiebant atque horrebant ei quibus periculum creabatur ideo quod, tametsi veritatis erat amicus, tamen natura non tam propensus ad misericordiam quam applicatus ad severitatem videbatur. Ego, quamquam praeest huic quaestioni vir et contra audaciam fortissimus et ab innocentia clementissimus, tamen facile me paterer vel illo ipso acerrimo iudice quaerente vel apud Cassianos iudices, quorum etiam nunc ei quibus causa dicenda est nomen ipsum reformidant, pro Sex. Roscio dicere. 31 (86) In hac enim causa cum viderent illos amplissimam pecuniam possidere, hunc in summa mendicitate esse, illud quidem non quaererent, cui bono fuisset, sed eo perspicuo crimen et suspicionem potius ad praedam adiungerent quam ad egestatem. Quid si accedit eodem ut tenuis

man daraus ersehen, daß ich es nicht weiter verfolgen werde, als es das Wohl des Angeklagten und meine Pflichttreue verlangen.

(84) Du fandest kein Motiv bei Sextus Roscius; aber ich finde eines bei T. Roscius. Mit dir nämlich habe ich jetzt zu tun, T. Roscius, da du ja dort sitzt und offen zugibst, Gegner zu sein. Was Capito betrifft, so werden wir später sehen, wenn er, wie es dem Vernehmen nach vorbereitet ist, als Zeuge auftritt; er wird dann auch von seinen anderen Heldentaten[26] erfahren, von denen ich, wie er sich einbildet, nicht einmal gehört habe. Der berühmte L. Cassius[27], den das römische Volk für einen überaus aufrichtigen und weisen Richter hielt, pflegte in Strafverfahren immer wieder zu fragen, wer einen Nutzen von der Tat gehabt habe. So verhält es sich nun einmal im menschlichen Leben, daß niemand ohne Aussicht auf Nutzen zu einer bösen Tat zu schreiten versucht. (85) Diesen Mann als Vorsitzenden und Richter scheuten und fürchteten alle, gegen die ein Prozeß angestrengt wurde, weil er, wenn er auch ein Freund der Wahrheit war, dennoch von Natur nicht so sehr zum Mitleid geneigt als vielmehr auf Strenge bedacht zu sein schien. Wiewohl ein Mann diese Untersuchung leitet, der gegen Frechheit sehr energisch und gegenüber der Unschuld sehr milde ist, würde ich mich doch auch dann ohne Schwanken darauf einlassen, für Sextus Roscius zu sprechen, wenn der genannte überaus scharfe Richter persönlich die Untersuchung führte, oder auch vor Richtern vom Schlage des Cassius, vor deren bloßem Namen noch jetzt alle erbeben, die sich vor Gericht verantworten müssen. 31 (86) Da sie nämlich in diesem Prozeß sähen, daß die Ankläger ein ansehnliches Vermögen besitzen, der Angeklagte aber in größter Armut lebt, würden sie gar nicht erst danach fragen, wer einen Nutzen von der Tat gehabt habe, sondern würden, da dies klar ist, Vorwurf und Verdacht eher mit der Beute in Verbindung bringen als mit der Armut. Was nun, wenn noch

antea fueris? quid si ut avarus? quid si ut audax? quid si ut illius qui occisus est inimicissimus? num quaerenda *causa* quae to ad tantum facinus adduxerit? Quid ergo horum negari potest? Tenuitas hominis eius modi est ut dissimulari non queat atque eo magis eluceat quo magis occultatur. (87) Avaritiam praefers qui societatem coieris de municipis cognatique fortunis cum alienissimo. Quam sis audax, ut alia obliviscar, hinc omnes intellegere potuerunt quod ex tota societate, hoc est ex tot sicariis, solus tu inventus es qui cum accusatoribus sederes atque os tuum non modo ostenderes sed etiam offerres. Inimicitias tibi fuisse cum Sex. Roscio et magnas rei familiaris controversias concedas necesse est. (88) Restat, iudices, ut hoc dubitemus, uter potius Sex. Roscium occiderit, is ad quem morte eius divitiae venerint, an is ad quem mendicitas, is qui antea tenuis fuerit, an is qui postea factus sit egentissimus, is qui ardens avaritia feratur infestus in suos, an is qui semper ita vixerit ut quaestum nosset nullum, fructum autem eum solum quem labore peperisset, is qui omnium sectorum audacissimus sit, an is qui propter fori iudiciorumque insolentiam non modo subsellia verum etiam urbem ipsam reformidet, postremo, iudices, id quod ad rem mea sententia maxime pertinet, utrum inimicus potius an filius.

32 (89) Haec tu, Eruci, tot et tanta si nanctus esses in

hinzukommt, daß du vorher mittellos gewesen bist? Daß du habgierig, daß du skrupellos, daß du der schärfste Feind des Ermordeten gewesen bist? Muß man da noch nach einem Motiv suchen, das dich zu einer so schlimmen Tat verleitet haben könnte? Was läßt sich denn hiervon bestreiten? Mit der Mittellosigkeit dieses Menschen verhält es sich so, daß sie sich nicht verheimlichen läßt und nur um so mehr in die Augen fällt, je mehr man sich bemüht, sie zu verbergen. (87) Deine Habgier trägst du offen zur Schau, da du mit einem wildfremden Menschen ein Komplott über das Vermögen eines Mitbürgers und Verwandten abgeschlossen hast. Wie skrupellos du bist, konnten, um andere Dinge zu übergehen, alle schon daran erkennen, daß aus der ganzen Bande, das heißt aus einer so großen Zahl von Meuchelmördern, nur du allein dich bereit gefunden hast, bei den Anklägern zu sitzen und dein freches Gesicht nicht nur zu zeigen, sondern sogar aufzudrängen. Daß du mit Sextus Roscius in Feindschaft gelebt und mit ihm große Vermögensstreitigkeiten gehabt hast, mußt du zugeben. (88) Es bleibt noch übrig, ihr Richter, daß wir erwägen, wer den Sextus Roscius eher ermordet haben könnte: der, der durch seinen Tod zu Reichtum, oder der, der an den Bettelstab gekommen ist? Der vorher mittellos gewesen ist oder der nachher zum Allerbedürftigsten geworden ist? Der sich von Habgier brennend feindlich auf seine Verwandten stürzt oder der immer so gelebt hat, daß er keinen Spekulationsgewinn kannte, sondern nur den Lohn, den er durch Arbeit gewonnen hatte? Der von allen Aufkäufern der skrupelloseste ist oder der wegen mangelnder Vertrautheit mit dem Forum und den Gerichten nicht nur die Gerichtsbänke, sondern sogar die Stadt selbst ängstlich meidet? Schließlich, ihr Richter, was meiner Meinung nach das Wichtigste ist: war hierzu eher sein Feind fähig oder sein Sohn?

32 (89) Wenn du, Erucius, diese so zahlreichen und so gewichtigen Hinweise bei dem Angeklagten gefunden

reo, quam diu diceres? quo te modo iactares! tempus hercule te citius quam oratio deficeret. Etenim in singulis rebus eius modi materies est ut dies singulos possis consumere. Neque ego non possum; non enim tantum mihi derogo, tametsi nihil adrogo, ut te copiosius quam me putem posse dicere. Verum ego forsitan propter multitudinem patronorum in grege adnumerer, te pugna Cannensis accusatorem sat bonum fecit. Multos caesos non ad Trasumennum lacum, sed ad Servilium vidimus.

(90) Quis ibi non est volneratus ferro Phrygio?

Non necesse est omnis commemorare Curtios, Marios, denique Memmios quos iam aetas a proeliis avocabat, postremo Priamum ipsum senem, Antistium quem non modo aetas sed etiam leges pugnare prohibebant. Iam quos nemo propter ignobilitatem nominat, sescenti sunt qui inter sicarios et de veneficiis accusabant; qui omnes, quod ad me attinet, vellem viverent. Nihil enim mali est canes ibi quam plurimos esse ubi permulti observandi multaque servanda sunt. (91) Verum, ut fit, multa saepe imprudentibus imperatoribus vis belli ac turba molitur. Dum is in aliis rebus erat occupatus qui summam rerum administrabat, erant interea qui suis volneribus mederentur; qui, tamquam si offusa rei publicae sempiterna nox esset, ita ruebant in tenebris omniaque miscebant; a quibus miror ne quod iudiciorum esset vestigium non subsellia quoque esse combusta; nam et accusatores et iudi-

hättest, wie lange würdest du sprechen! Wie würdest du dich brüsten! Beim Herkules, die Zeit würde dir eher ausgehen als die Worte. Denn in den einzelnen Punkten ist derartig viel Stoff enthalten, daß man für jeden Punkt einen ganzen Tag verwenden könnte. Auch ich könnte es; denn wenn ich mir auch nichts in anmaßender Weise zuspreche, so spreche ich mir doch nicht so viel ab, daß ich glaubte, du könntest wortreicher sprechen als ich. Aber vielleicht werde ich wegen der großen Zahl der Verteidiger zum großen Haufen gerechnet; dich aber hat die Schlacht von Cannae[28] zu einem recht guten Ankläger gemacht. Wir sahen viele Erschlagene, nicht am Trasimenischen, sondern am Servilischen See.[29]

(90) »Wer wurde dort nicht verwundet von
phrygischem Stahl?«[30]

Es ist nicht notwendig, alle die Curtier, Marier und gar Memmier zu erwähnen, die das Alter schon aus den Schlachten abberief, schließlich selbst den greisen Priamus, den Antistius, den nicht nur das Alter, sondern auch die Gesetze zu kämpfen hinderten.[31] Ferner die Leute, die niemand mehr wegen ihrer Unbekanntheit nennt: unzählige sind es, die wegen Mord und Giftmischerei Anklage erhoben. Meinetwegen könnten diese alle noch leben. Denn es ist kein Unglück, wenn es da möglichst viele Hunde gibt, wo auf sehr viele aufgepaßt und vieles bewacht werden muß. (91) Aber wie es so zu geschehen pflegt: die Gewalt und die Wirren des Krieges setzen oft vielerlei in Bewegung ohne Wissen der Feldherrn. Während der Mann, der die oberste Leitung innehatte, mit anderen Dingen beschäftigt war, gab es Leute, die sich inzwischen gesundmachten;[32] die so in der Dunkelheit wüteten und das Unterste zuoberst kehrten, als ob ewige Nacht über den Staat gebreitet sei; ich wundere mich, daß sie nicht auch noch die Gerichtsbänke verbrannt haben, damit keine Spur von den Gerichten mehr existiere. Denn Ankläger und Richter haben sie beseitigt.

ces sustulerunt. Hoc commodi est quod ita vixerunt ut testis omnis, si cuperent, interficere non possent; nam, dum hominum genus erit, qui accuset eos non deerit; dum civitas erit, iudicia fient. Verum, ut coepi dicere, et Erucius, haec si haberet in causa quae commemoravi, posset ea quamvis diu dicere, et ego, iudices, possum; sed in animo est, quem ad modum ante dixi, leviter transire ac tantum modo perstringere unam quamque rem, ut omnes intellegant me non studio accusare sed officio defendere.

33 (92) Video igitur causas esse permultas quae istum impellerent; videamus nunc ecquae facultas suscipiendi malefici fuerit. Ubi occisus est Sex. Roscius? – Romae. – Quid? tu, T. Rosci, ubi tunc eras? – Romae. Verum quid ad rem? et alii multi. – Quasi nunc id agatur quis ex tanta multitudine occiderit, ac non hoc quaeratur, eum qui Romae sit occisus utrum veri similius sit ab eo esse occisum qui adsiduus eo tempore Romae fuerit, an ab eo qui multis annis Romam omnino non accesserit. (93) Age nunc ceteras quoque facultates consideremus. Erat tum multitudo sicariorum, id quod commemoravit Erucius, et homines impune occidebantur. Quid? ea multitudo quae erat? Opinor, aut eorum qui in bonis erant occupati, aut eorum qui ab eis conducebantur ut aliquem occiderent. Si eos putas qui alienum appetebant, tu es in

Das Gute dabei ist nur das, daß sie so lebten, daß sie, auch wenn sie es wünschten, nicht alle Zeugen hätten töten können; denn es wird, solange es ein Menschengeschlecht gibt, nicht an jemandem fehlen, der sie anklagt, und solange der Staat besteht, werden Prozesse stattfinden. Aber wie ich vorhin gesagt habe: sowohl Erucius könnte, wenn er in der Sache diese Punkte, die ich erwähnt habe, zu seiner Verfügung hätte, beliebig lange darüber sprechen, als auch ich, ihr Richter, könnte es jetzt; doch ich habe die Absicht, wie ich schon früher gesagt habe, flüchtig darüber hinwegzugehen und jeden einzelnen Punkt nur leicht zu streifen, damit alle erkennen, daß ich nicht aus Eifer anklage, sondern nur aus Pflichtgefühl verteidige.

33 (92) Ich sehe also, daß es sehr viele Motive gibt, die diesen Mann zur Tat hätten verleiten können. Wir wollen jetzt sehen, ob es für ihn irgendeine Möglichkeit gegeben hat, die Untat auszuführen. Wo ist Sextus Roscius ermordet worden? – In Rom. – Wie? Und du, T. Roscius, wo warst du damals? – In Rom. Aber was tut das zur Sache? Auch viele andere waren dort. – Als ob es sich jetzt darum handelte, wer aus einer so großen Zahl von Personen den Mord begangen hat, und nicht vielmehr das die Frage wäre, ob es wahrscheinlicher ist, daß ein in Rom Ermordeter von einem ermordet wurde, der sich während dieser Zeit ständig in Rom aufhielt, oder von einem, der während vieler Jahre Rom überhaupt nicht aufgesucht hat. (93) Also denn: wir wollen auch die übrigen Möglichkeiten betrachten. Es gab damals, was schon Erucius erwähnt hat, eine Menge von Meuchelmördern, und man konnte straflos Menschen morden. Wie? Aus was für Leuten bestand diese Menge? Ich meine: entweder aus solchen, die sich mit Vermögenskäufen befaßten, oder solchen, die von diesen gedungen wurden, irgendeinen zu ermorden. Wenn du noch die dazurechnest, die nach fremdem Eigentum trachteten, so gehörst du zu dieser Zahl, da du durch unser Vermögen

eo numero qui nostra pecunia dives es; sin eos quos qui leviore nomine appellant percussores vocant, quaere in cuius fide sint et clientela; mihi crede, aliquem de societate tua reperies; et, quicquid tu contra dixeris, id cum defensione nostra contendito; ita facillime causa Sex. Rosci cum tua conferetur. (94) Dices: ›Quid postea, si Romae adsiduus fui?‹ Respondebo: ›At ego omnino non fui.‹ – ›Fateor me sectorem esse, verum et alii multi.‹ – ›At ego, ut tute arguis, agricola et rusticus.‹ – ›Non continuo, si me in gregem sicariorum contuli, sum sicarius.‹ – ›At ego profecto qui ne novi quidem quemquam sicarium longe absum ab eius modi crimine.‹ Permulta sunt quae dici possunt qua re intellegatur summam tibi facultatem fuisse malefici suscipiendi; quae non modo idcirco praetereo quod te ipsum non libenter accuso verum eo magis etiam quod, si de illis caedibus velim commemorare quae tum factae sunt ista eadem ratione qua Sex. Roscius occisus est, vereor ne ad pluris oratio mea pertinere videatur.

34 (95) Videamus nunc strictim, sicut cetera, quae post mortem Sex. Rosci abs te, T. Rosci, facta sunt; quae ita aperta et manifesta sunt ut medius fidius, iudices, invitus ea dicam. Vereor enim, cuicuimodi es, T. Rosci, ne ita hunc videar voluisse servare ut tibi omnino non pepercerim. Cum hoc vereor et cupio tibi aliqua ex parte quod salva fide possim parcere, rursus immuto voluntatem

reich geworden bist. Wenn du aber die in Betracht ziehst, die die Leute, die sie mit einem milderen Ausdruck bezeichnen, Totschläger nennen, so frage, unter wessen Schutz und Schirm sie stehen: glaube mir, du wirst einen aus deiner Komplizenschaft entdecken. Und was du auch dagegen sagst, miß es an unserer Verteidigung; so wird sich am leichtesten die Lage des Sextus Roscius mit der deinen vergleichen lassen. (94) Du wirst sagen: »Was ergibt sich daraus, daß ich ständig in Rom war?« Ich werde antworten: »Aber ich war überhaupt nicht dort.« – »Ich gebe zu, daß ich Aufkäufer bin, aber auch viele andere sind es.« – »Aber ich, wie du selbst erklärst, bin Landmann und Bauer.« – »Ich bin darum nicht gleich ein Meuchelmörder, wenn ich mich in die Schar der Meuchelmörder begeben habe.« – »Aber ich, der ich nicht einmal einen Meuchelmörder kenne, bin wahrhaftig weit entfernt von einem derartigen Vorwurf.« So kann man sehr viele Umstände anführen, aus denen sich erkennen läßt, daß du die beste Gelegenheit gehabt hast, die Untat auszuführen; ich übergehe diese aber nicht nur deshalb, weil ich dich selbst nicht gern anklage, sondern noch mehr deshalb, weil ich fürchte, es könnte so aussehen, als ob meine Rede auf mehr Leute ziele, wenn ich über jene Mordtaten mich auslassen wollte, die damals auf die gleiche Weise geschehen sind wie der Mord an Sextus Roscius.

34 (95) Wir wollen jetzt noch genauso flüchtig wie das übrige betrachten, was du nach dem Tode des Sextus Roscius getan hast, T. Roscius: dies liegt so offen auf der Hand, daß ich, so wahr mir Gott helfe, ihr Richter, nur ungern darüber spreche. Denn ich fürchte, einerlei, wie du bist, T. Roscius, es könnte so aussehen, als ob ich den Angeklagten auf die Weise habe retten wollen, daß ich dich überhaupt nicht geschont habe. Wenn ich mich hiervor fürchte und dich irgendwie zu schonen wünsche, soweit ich es ohne Verletzung meiner Pflicht kann, dann ändere ich wiederum meine Absicht; denn mir kommt

meam; venit enim mihi in mentem oris tui. Tene, cum ceteri socii tui fugerent ac se occultarent, ut hoc iudicium non de illorum praeda sed de huius maleficio fieri videretur, potissimum tibi partis istas depoposcisse ut in iudicio versarere et sederes cum accusatore? Qua in re nihil aliud adsequeris nisi ut ab omnibus mortalibus audacia tua cognoscatur et impudentia. (96) Occiso Sex. Roscio quis primus Ameriam nuntiat? Mallius Glaucia, quem iam antea nominavi, tuus cliens et familiaris. Quid attinuit eum potissimum nuntiare quod, si nullum iam ante consilium de morte ac de bonis eius inieras nullamque societatem neque sceleris neque praemi cum homine ullo coieras, ad te minime omnium pertinebat? – ›Sua sponte Mallius nuntiat.‹ – Quid, quaeso, eius intererat? An, cum Ameriam non huiusce rei causa venisset, casu accidit ut id quod Romae audierat primus nuntiaret? Cuius rei causa venerat Ameriam? ›Non possum‹ inquit ›divinare.‹ Eo rem iam adducam ut nihil divinatione opus sit. Qua ratione *T.* Roscio Capitoni primo nuntiavit? Cum Ameriae Sex. Rosci domus uxor liberique essent, cum tot propinqui cognatique optime convenientes, qua ratione factum est ut iste tuus cliens, sceleris tui nuntius, T. Roscio Capitoni potissimum nuntiaret? (97) Occisus est a cena rediens; nondum lucebat cum Ameriae scitum est. Quid hic incredibilis cursus, quid haec tanta celeritas festinatioque significat? Non quaero quis percusserit;

deine dreiste Stirn in den Sinn. Während alle deine Genossen flohen und sich versteckten, damit es so aussehe, als ginge es in diesem Prozeß nicht um ihre Beute, sondern um die Untat des Angeklagten, hast du gerade für dich diese Rolle hier gefordert, dich vor Gericht zu bewegen und an der Seite des Anklägers zu sitzen? Damit erreichst du nichts anderes, als daß alle Leute deine Skrupellosigkeit und Unverschämtheit erkennen. (96) Nachdem Sextus Roscius ermordet war, wer bringt als erster die Nachricht nach Ameria? Mallius Glaucia, den ich schon vorher genannt habe, dein Klient und Gefolgsmann. Warum mußte ausgerechnet er melden, was dich am allerwenigsten etwas anging, wenn du nicht schon vorher einen Plan zur Ermordung und Aneignung des Vermögens des Roscius geschmiedet und wenn du mit keinem Menschen ein Komplott zur Ausführung des Verbrechens und Teilung des Lohnes geschlossen hattest? – »Von sich aus überbrachte Mallius die Nachricht.« – Ich bitte dich: was für ein Interesse hatte er daran? Oder war er etwa nicht wegen dieser Sache nach Ameria gekommen, und geschah es nur zufällig, daß er als erster meldete, was er in Rom gehört hatte? Weswegen kam er nach Ameria? »Ich kann nicht hellsehen«, sagt T. Roscius. Doch ich werde die Sache schon dahin bringen, daß es keiner Hellseherei bedarf. Aus welchem Grunde hat er dem T. Roscius Capito als erstem die Nachricht überbracht? Obwohl Sextus Roscius in Ameria Haus, Frau und Kinder, obwohl er dort so viele nähere und entferntere Verwandte hatte, die mit ihm aufs beste auskamen, aus welchem Grunde geschah es, daß dieser Bursche, dein Klient, der Bote deines Verbrechens, zuallererst dem T. Roscius Capito die Nachricht überbrachte? (97) Sextus Roscius wurde ermordet, als er von einem Essen zurückkehrte; es war noch nicht hell, als man es in Ameria wußte. Was bedeutet diese unglaubliche Fahrt, was diese so große Geschwindigkeit und Eile? Ich frage nicht, wer ihn getötet hat; du brauchst

nihil est, Glaucia, quod metuas; non excutio te, si quid forte ferri habuisti, non scrutor; nihil ad me arbitror pertinere; quoniam cuius consilio occisus sit invenio, cuius manu sit percussus non laboro. Unum hoc sumo quod mihi apertum tuum scelus resque manifesta dat: Ubi aut unde audivit Glaucia? qui tam cito scivit? Fac audisse statim; quae res eum nocte una tantum itineris contendere coegit? quae necessitas eum tanta premebat ut, si sua sponte iter Ameriam faceret, id temporis Roma proficisceretur, nullam partem noctis requiesceret?

35 (98) Etiamne in tam perspicuis rebus argumentatio quaerenda aut coniectura capienda est? Nonne vobis haec quae audistis cernere oculis videmini, iudices? non illum miserum, ignarum casus sui, redeuntem a cena videtis, non positas insidias, non impetum repentinum? non versatur ante oculos vobis in caede Glaucia? non adest iste T. Roscius? non suis manibus in curru conlocat Automedontem illum, sui sceleris acerbissimi nefariaeque victoriae nuntium? non orat ut eam noctem pervigilet, ut honoris sui causa laboret, ut Capitoni quam primum nuntiet? (99) Quid erat quod Capitonem primum scire vellet? Nescio, nisi hoc video, Capitonem in his bonis esse socium; de tribus et decem fundis tris nobilissimos fundos eum video possidere. (100) Audio praeterea non hanc suspicionem nunc primum in Capitonem conferri; multas esse infamis eius palmas, hanc primam esse tamen

keine Angst zu haben, Glaucia! Ich untersuche dich nicht, ob du zufällig einen Dolch bei dir gehabt hast, ich forsche nicht danach. Ich glaube, das geht mich nichts an: da ich herausfinden will, auf wessen Anstiften er ermordet worden ist, mühe ich mich nicht ab herauszufinden, von wessen Hand er getötet worden ist. Ich nehme mir nur diesen einen Umstand vor, den mir dein offenkundiges Verbrechen und der eindeutige Sachverhalt an die Hand gibt: wo oder woher hörte Glaucia davon? Wie erfuhr er so schnell davon? Lasse es ihn sofort gehört haben: was brachte ihn dazu, in einer Nacht eine so große Wegstrecke zurückzulegen? Welche Zwangslage drängte ihn so sehr, daß er, wenn er aus eigenem Antrieb nach Ameria reiste, zu dieser Zeit von Rom aufbrach und sich während der ganzen Nacht keinen Augenblick der Ruhe hingab?

35 (98) Muß man bei so durchsichtigen Verhältnissen noch nach einer Beweisführung suchen oder nach einer Vermutung greifen? Kommt es euch nicht so vor, als ob ihr, was ihr gehört habt, mit den Augen seht, ihr Richter? Seht ihr nicht, wie jener Unglückliche, von seinem Schicksal nichts ahnend, von einem Essen zurückkehrt, seht ihr nicht die Falle, die man ihm gestellt hat, nicht den plötzlichen Überfall? Schwebt euch nicht bei dem Mord Glaucia vor Augen? Ist nicht der T. Roscius dabei? Setzt er nicht mit eigener Hand jenen Automedon[33] in den Wagen, den Boten seines so abscheulichen Verbrechens und seines frevelhaften Sieges? Bittet er ihn nicht, er solle diese Nacht durchwachen und sich um seiner Ehre willen abmühen, dem Capito möglichst schnell die Nachricht zu überbringen? (99) Weshalb wollte er unbedingt, daß Capito als erster davon erfahre? Ich weiß es nicht; ich sehe nur, daß Capito Teilhaber an dem Vermögen des Roscius ist; ich sehe, daß er von dreizehn Gütern die drei besten Güter besitzt. (100) Ich höre außerdem, daß ein derartiger Verdacht jetzt nicht zum ersten Mal sich gegen Capito richtet; daß er schon viele schimpfliche Sieges-

lemniscatam quae Roma ei deferatur; nullum modum esse hominis occidendi quo ille non aliquot occiderit, multos ferro, multos veneno. Habeo etiam dicere quem contra morem maiorum minorem annis LX de ponte in Tiberim deiecerit. Quae, si prodierit atque adeo cum prodierit – scio enim proditurum esse – audiet. (101) Veniat modo, explicet suum volumen illud quod ei planum facere possum Erucium conscripsisse; quod aiunt illum Sex. Roscio intentasse et minitatum esse se omnia illa pro testimonio esse dicturum. O praeclarum testem, iudices! o gravitatem dignam exspectatione! o vitam honestam atque eius modi ut libentibus animis ad eius testimonium vestrum ius iurandum accommodetis! Profecto non tam perspicue nos istorum maleficia videremus, nisi ipsos caecos redderet cupiditas et avaritia et audacia.

36 (102) Alter ex ipsa caede volucrem nuntium Ameriam ad socium atque adeo magistrum suum misit ut, si dissimulare omnes cuperent se scire ad quem maleficium pertineret, tamen ipse apertum suum scelus ante omnium oculos poneret. Alter, si dis immortalibus placet, testimonium etiam in Sex. Roscium dicturus est; quasi vero id nunc agatur, utrum is quod dixerit credendum, ac non quod fecerit vindicandum sit. Itaque more maiorum comparatum est ut in minimis rebus homines amplissimi testimonium de sua re non dicerent. (103) Africanus qui suo cognomine declarat tertiam partem orbis terrarum se

palmen besitzt, daß jedoch diese hier die erste ist, die man ihm mit Bändern geschmückt von Rom überbringt;[34] daß es keine Art gibt, einen Menschen zu ermorden, auf die er nicht einige ermordet hat: viele mit dem Dolch, viele mit Gift. Ich könnte auch jemanden nennen, den er gegen die Sitte der Vorfahren im Alter von weniger als sechzig Jahren von der Brücke in den Tiber hinabgeworfen hat.[35] Dies wird er zu hören bekommen, falls er als Zeuge auftritt, oder vielmehr dann, wenn er auftritt: denn ich weiß, daß er auftreten wird. (101) Er soll nur kommen, er soll sein Schriftstück nur entfalten, das ihm – wie ich beweisen kann – Erucius aufgesetzt hat; man sagt nämlich, er habe es dem Sextus Roscius entgegengehalten und gedroht, er werde alles darin Enthaltene als Zeugenaussage vorbringen. Ein herrlicher Zeuge, ihr Richter! Ein sittlicher Ernst, der eurer Erwartung entspricht! Ein ehrenwertes Leben, und zwar von der Art, daß ihr euch als vereidigte Richter freudigen Herzens in eurem Urteil seinem Zeugnis anschließt. In der Tat würden wir die Untaten dieser Schurken nicht so deutlich erkennen, wären sie nicht selbst geblendet von Gier, Habsucht und Skrupellosigkeit.

36 (102) Der eine schickte gleich nach dem Mord einen fliegenden Boten nach Ameria zu seinem Genossen oder vielmehr zu seinem Lehrmeister, so daß, wenn auch alle zu verheimlichen wünschten, daß sie wüßten, auf wessen Konto die Untat komme, er selbst gleichwohl sein Verbrechen offen vor aller Augen stellte. Der andere wird, wenn es den unsterblichen Göttern gefällt, sogar eine Zeugenaussage gegen Sextus Roscius machen: als handele es sich jetzt darum, ob man seinen Worten glauben darf, und nicht darum, ob man seine Taten bestrafen müsse. Daher ist es durch die Sitte der Vorfahren so geregelt, daß bei den unbedeutendsten Angelegenheiten die angesehensten Männer in eigener Sache keine Zeugenaussage machen dürfen. (103) Africanus, der schon durch seinen Beinamen deutlich macht, daß er ein Drittel der

subegisse tamen, si sua res ageretur, testimonium non diceret; nam illud in talem virum non audeo dicere: Si diceret, non crederetur. Videte nunc quam versa et mutata in peiorem partem sint omnia. Cum de bonis et de caede agatur, testimonium dicturus est is qui et sector est et sicarius, hoc est qui et illorum ipsorum bonorum de quibus agitur emptor atque possessor est et eum hominem occidendum curavit de cuius morte quaeritur. (104) Quid? tu, vir optime, ecquid habes quod dicas? mihi ausculta: vide ne tibi desis; tua quoque res permagna agitur. Multa scelerate, multa audaciter, multa improbe fecisti, unum stultissime, profecto tua sponte non de Eruci sententia: nihil opus fuit te istic sedere. Neque enim accusatore muto neque teste quisquam utitur eo qui de accusatoris subsellio surgit. Huc accedit quod paulo tamen occultior atque tectior vestra ista cupiditas esset. Nunc quid est quod quisquam ex vobis audire desideret, cum quae facitis eius modi sint ut ea dedita opera a nobis contra vosmet ipsos facere videamini?

(105) Age nunc illa videamus, iudices, quae statim consecuta sunt. Ad Volaterras in castra L. Sullae mors Sex. Rosci quadriduo quo is occisus est Chrysogono nuntiatur. 37 Quaeritur etiam nunc quis eum nuntium miserit? nonne perspicuum est eundem qui Ameriam? Curat Chrysogonus ut eius bona veneant statim; qui non norat hominem aut rem. At qui ei venit in mentem praedia con-

Welt unterworfen hat, hätte gleichwohl keine Zeugenaussage gemacht, wenn seine eigene Sache verhandelt worden wäre; denn das wage ich nicht gegen einen solchen zu äußern: wenn er eine Zeugenaussage gemacht hätte, hätte man ihm nicht geglaubt. Seht jetzt, wie sehr sich alles zum Schlechteren hin gewandelt und verändert hat. Obwohl über ein Vermögen und einen Mord verhandelt wird, hat jemand die Absicht, eine Zeugenaussage zu machen, der der Aufkäufer und Mörder ist, das heißt, der der Käufer und Besitzer ebendes Vermögens ist, über das hier verhandelt wird, und der den Mann ermorden ließ, dessen Tod untersucht wird. (104) Wie, mein bester Mann? Hast du etwas, das du sagen möchtest?[36] Höre auf mich: gib acht, daß du dich nicht selbst verrätst; es handelt sich um eine Sache, die auch für dich sehr gefährlich ist. Vieles hast du frevelhaft, vieles skrupellos, vieles bösartig getan, eines aber sehr dumm, bestimmt aus eigenem Antrieb, nicht nach dem Sinn des Erucius: es war nicht zweckmäßig für dich, dort zu sitzen. Denn niemand verläßt sich auf einen stummen Ankläger noch auf einen Zeugen, der sich von der Bank des Anklägers erhebt. Hinzu kommt, daß eure Parteilichkeit doch wenigstens etwas verborgener und versteckter wäre. Aber jetzt: was gibt es, das jemand von euch zu hören wünschte, da das, was ihr tut, derartig ist, daß ihr den Eindruck erweckt, ihr tätet das mit Absicht zu unserem Vorteil und euch selbst zuwider.

(105) Weiter nun wollen wir, ihr Richter, die Vorgänge betrachten, die sofort auf den Mord folgten. Nach Volaterrae ins Lager des L. Sulla wird der Tod des Sextus Roscius vier Tage nach seiner Ermordung dem Chrysogonus gemeldet. 37 Fragt man auch jetzt noch, wer diese Nachricht geschickt hat? Ist es nicht durchsichtig, daß es derselbe war, der sie nach Ameria geschickt hat? Chrysogonus sorgt dafür, daß der Besitz des Sextus Roscius sofort verkauft wird, er, der doch weder den Menschen noch die Sache kannte. Aber wie kam ihm der

cupiscere hominis ignoti quem omnino numquam viderat? Soletis, cum aliquid huiusce modi audistis, iudices, continuo dicere: ›Necesse est aliquem dixisse municipem aut vicinum; ei plerumque indicant, per eos plerique produntur.‹ Hic nihil est quod suspicione occupetis. Non enim ego ita disputabo: (106) ›Veri simile est Roscios istam rem ad Chrysogonum detulisse; erat enim eis cum Chrysogono iam antea amicitia; nam cum multos veteres a maioribus Roscii patronos hospitesque haberent, omnis eos colere atque observare destiterunt ac se in Chrysogoni fidem et clientelam contulerunt.‹ (107) Haec possum omnia vere dicere, sed in hac causa coniectura nihil opus est; ipsos certo scio non negare ad haec bona Chrysogonum accessisse impulsu suo. Si eum qui indici causa partem acceperit oculis cernetis, poteritisne dubitare, iudices, qui indicarit? Qui sunt igitur in istis bonis quibus partem Chrysogonus dederit? Duo Roscii. Num quisnam praeterea? Nemo est, iudices. Num ergo dubium est quin ei obtulerint hanc praedam Chrysogono qui ab eo partem praedae tulerunt?

(108) Age nunc ex ipsius Chrysogoni iudicio Rosciorum factum consideremus. Si nihil in ista pugna Roscii quod operae pretium esset fecerant, quam ob causam *a* Chrysogono tantis praemiis donabantur? si nihil aliud fecerunt nisi rem detulerunt, nonne satis fuit eis gratias

Gedanke, sich die Güter eines ihm unbekannten Menschen aneignen zu wollen, den er überhaupt niemals gesehen hatte? Sooft ihr etwas Derartiges hört, ihr Richter, pflegt ihr sofort zu sagen: »Es ist gar nicht anders denkbar, als daß ein Mitbürger oder Nachbar es gesagt hat; diese pflegen meist Anzeige zu erstatten, durch sie werden die meisten verraten.« Aber in diesem Falle besteht kein Grund, daß ihr euch mit einem Verdacht begnügt. (106) Denn ich werde nicht folgende Erörterung anstellen: »Es ist wahrscheinlich, daß die Roscier dem Chrysogonus diese Nachricht überbracht haben; sie waren nämlich schon vorher mit Chrysogonus befreundet. Denn obwohl die Roscier viele alte von den Vorfahren ererbte Schutzherren und Gastfreunde hatten, unterließen sie es bei allen diesen, ihnen Achtung und Aufmerksamkeit zu erweisen, und begaben sich in den Schutz und die Gefolgschaft des Chrysogonus.« (107) Dies alles könnte ich der Wahrheit gemäß vorbringen, aber in dieser Sache bedarf es keiner Vermutung: sie selbst bestreiten nicht, wie ich genau weiß, daß sich Chrysogonus auf ihre Veranlassung mit diesem Besitz befaßt hat. Wenn ihr den Mann, der zum Lohn für die Anzeige einen Anteil erhalten hat, vor euren Augen seht, werdet ihr da noch zweifeln können, ihr Richter, wer die Anzeige erstattet hat? Welches sind also die Leute, denen Chrysogonus bei einem solchen Besitz einen Anteil gegeben hat? Zwei Roscier. Etwa noch jemand außerdem? Niemand, ihr Richter. Ist es also noch zweifelhaft, daß die Leute Chrysogonus diese Beute angeboten haben, die von ihm einen Teil der Beute erhielten?

(108) Weiter: wir wollen jetzt die Tat der Roscier einmal vom Standpunkt des Chrysogonus selbst beurteilen. Wenn die Roscier in dieser Schlacht wirklich nichts vollbracht hatten, was der Mühe wert war, weswegen empfingen sie dann von Chrysogonus so große Belohnungen? Wenn sie wirklich nichts anderes taten, als daß sie ihm die Nachricht überbrachten, genügte es da nicht,

agi, denique, ut perliberaliter ageretur, honoris aliquid haberi? Cur tria praedia tantae pecuniae statim Capitoni dantur? cur quae reliqua sunt iste *T.* Roscius omnia cum Chrysogono communiter possidet? Nonne perspicuum est, iudices, has manubias Rosciis Chrysogonum re cognita concessisse?

38 (109) Venit in decem primis legatus in castra Capito. *Vos* totam vitam naturam moresque hominis ex ipsa legatione cognoscite. Nisi intellexeritis, iudices, nullum esse officium, nullum ius tam sanctum atque integrum quod non eius scelus atque perfidia violarit et imminuerit, virum optimum esse eum iudicatote. (110) Impedimento est quo minus de his rebus Sulla doceatur, ceterorum legatorum consilia et voluntatem Chrysogono enuntiat, monet ut provideat ne palam res agatur, ostendit, si sublata sit venditio bonorum, illum pecuniam grandem amissurum, sese capitis periculum aditurum; illum acuere, hos qui simul erant missi fallere, illum identidem monere ut caveret, hisce insidiose spem falsam ostendere, cum illo contra hos inire consilia, horum consilia illi enuntiare, cum illo partem suam depecisci, hisce aliqua fretus mora semper omnis aditus ad Sullam intercludere. Postremo isto hortatore, auctore, intercessore ad Sullam legati non adierunt; istius fide ac potius perfidia decepti, id quod ex ipsis cognoscere poteritis, si accusator voluerit testimo-

ihnen zu danken, oder höchstens, um recht großzügig zu handeln, ihnen ein Honorar zu geben? Warum besitzt der T. Roscius alles übrige mit Chrysogonus gemeinsam? Ist nicht durchsichtig, ihr Richter, daß Chrysogonus, nachdem er von dem Sachverhalt erfahren hatte, den Rosciern diesen Beuteanteil zugestanden hat?

38 (109) Als einer der zehn Vorsteher kommt Capito mit den anderen als Gesandter ins Lager. Ihr mögt gerade an dieser Gesandtschaft die ganze Lebensweise, das Wesen und den Charakter dieses Menschen kennenlernen: wenn euch nicht bewußt wird, ihr Richter, daß es keine Verpflichtung, kein Recht gibt, mag es noch so heilig und unantastbar sein, das sein verbrecherischer Sinn und seine Wortbrüchigkeit nicht verletzt und geschmälert hätte, so dürft ihr ihn für einen vortrefflichen Mann halten. (110) Er verhindert, daß Sulla über diese Vorgänge unterrichtet wird; er teilt dem Chrysogonus die Beschlüsse und Absichten der übrigen Gesandten mit; er mahnt ihn, dafür zu sorgen, daß die Angelegenheit nicht öffentlich verhandelt werde; er weist darauf hin, daß Chrysogonus ein großes Vermögen verlieren, er selbst aber seinen Kopf riskieren werde, wenn der Verkauf des Besitzes rückgängig gemacht werde; jenen treibt er an, diese, die mit ihm zusammen abgesandt waren, täuscht er; jenen mahnt er unaufhörlich, er solle sich vorsehen; diesen hält er hinterlistig trügerische Hoffnungen vor Augen; mit jenem schmiedet er Pläne gegen diese, ihre Beschlüsse teilt er jenem mit; mit jenem macht er seinen Anteil aus, diesen versperrt er ständig jeglichen Zugang zu Sulla, da er fest darauf baut, durch Verschleppung sein Ziel zu erreichen. Schließlich verzichteten die Gesandten auf sein Zureden, seine Veranlassung und seine Bürgschaft hin auf einen Empfang bei Sulla; durch sein Wort oder vielmehr durch seinen Wortbruch getäuscht, brachten sie statt eines sicheren Ergebnisses eine trügerische Hoffnung nach Hause zurück, was ihr von ihnen selbst vernehmen könnt, wenn der Ankläger sich ent-

nium eis denuntiare, pro re certa spem falsam domum rettulerunt. (111) In privatis rebus si qui rem mandatam non modo malitiosius gessisset sui quaestus aut commodi causa verum etiam neglegentius, eum maiores summum admisisse dedecus existimabant. Itaque mandati constitutum est iudicium non minus turpe quam furti, credo, propterea quod quibus in rebus ipsi interesse non possumus, in eis operae nostrae vicaria fides amicorum supponitur; quam qui laedit, oppugnat omnium commune praesidium et, quantum in ipso est, disturbat vitae societatem. Non enim possumus omnia per nos agere; alius in alia est re magis utilis. Idcirco amicitiae comparantur ut commune commodum mutuis officiis gubernetur. (112) Quid recipis mandatum, si aut neglecturus aut ad tuum commodum conversurus es? cur mihi te offers ac meis commodis officio simulato officis et obstas? Recede de medio; per alium transigam. Suscipis onus offici quod te putas sustinere posse; quod maxime videtur grave eis qui minime ipsi leves sunt. 39 Ergo idcirco turpis haec culpa est, quod duas res sanctissimas violat, amicitiam et fidem. Nam neque mandat quisquam fere nisi amico neque credit nisi ei quem fidelem putat. Perditissimi est igitur hominis simul et amicitiam dissolvere et fallere eum qui laesus non esset, nisi credidisset. (113) Itane est? in minimis rebus qui mandatum neglexerit, turpissimo iudi-

schließen sollte, sie zur Zeugenaussage aufzufordern. (111) Wenn jemand in Privatgeschäften einen Auftrag zu seiner Bereicherung und seinem Vorteil nicht etwa nur hinterhältig, sondern auch nur ein wenig nachlässig ausgeführt hatte, beging er, wie die Vorfahren glaubten, eine höchst unehrenhafte Handlung. Daher ist auf Auftragsverletzung eine gerichtliche Strafe festgesetzt, die nicht weniger entehrend ist als die wegen Diebstahls,[37] wie ich glaube deswegen, weil bei den Geschäften, die wir selbst nicht wahrnehmen können, die Verläßlichkeit der Freunde an die Stelle unserer eigenen Bemühung tritt, und wer gegen sie verstößt, der bekämpft eine allen zugute kommende Schutzeinrichtung und zerstört, soweit es an ihm liegt, die menschliche Lebensgemeinschaft. Denn wir können nicht alles selbst erledigen; der eine leistet auf diesem, der andere auf jenem Gebiet mehr. Deshalb werden Freundschaften geschlossen, um den gemeinsamen Nutzen durch wechselseitige Dienste zu fördern. (112) Weshalb übernimmst du einen Auftrag, wenn du ihn entweder nachlässig ausführen oder zu deinem eigenen Vorteil verwenden willst? Warum bietest du dich mir an und wirkst und stellst dich durch vorgetäuschte Dienstbereitschaft gegen meine Interessen? Gehe mir aus dem Wege; ich werde die Angelegenheit durch einen anderen erledigen lassen. Du nimmst die Last einer Verpflichtung auf dich, die du glaubst tragen zu können; sie erscheint aber denen am meisten belastend, die selbst am wenigsten leichtsinnig sind. 39 Deshalb also ist ein solches Verschulden schändlich, weil es zwei sehr ehrwürdige Prinzipien verletzt: die Freundschaft und die Treue. Denn jeder gibt im allgemeinen nur seinem Freunde einen Auftrag und vertraut nur dem, den er für treu hält. Nur ein ganz verkommener Mensch ist also imstande, zugleich die Freundschaft aufzulösen und den zu täuschen, der nicht geschädigt wäre, wenn er nicht Vertrauen geschenkt hätte. (113) Nicht wahr, bei den kleinsten Angelegenheiten wird also jemand, der einen Auftrag nach-

cio condemnetur necesse est, in re tanta cum is cui fama mortui, fortunae vivi commendatae sunt atque concreditae, ignominia mortuum, *inopia vivum* adfecerit, is inter honestos homines atque adeo inter vivos numerabitur? In minimis privatisque rebus etiam neglegentia in crimen mandati iudiciumque infamiae vocatur, propterea quod, si recte fiat, illum neglegere oporteat qui mandarit non illum qui mandatum receperit; in re tanta quae publice gesta atque commissa sit qui non neglegentia privatum aliquod commodum laeserit sed perfidia legationis ipsius caerimoniam polluerit maculaque adfecerit, qua is tandem poena adficietur aut quo iudicio damnabitur? (114) Si hanc ei rem privatim Sex. Roscius mandavisset ut cum Chrysogono transigeret atque decideret, inque eam rem fidem suam, si quid opus esse putaret, interponeret, ille qui sese facturum recepisset, nonne, si ex eo negotio tantulum in rem suam convertisset, damnatus per arbitrum et rem restitueret et honestatem omnem amitteret? (115) Nunc non hanc ei rem Sex. Roscius mandavit sed, id quod multo gravius est, ipse Sex. Roscius cum fama vita bonisque omnibus a decurionibus publice *T.* Roscio mandatus est; et ex eo T. Roscius non paululum nescio quid in rem suam convertit sed hunc funditus evertit bonis, ipse tria praedia sibi depectus est, voluntatem

lässig ausgeführt hat, unweigerlich zu der schimpflichsten Strafe auf Grund eines Gerichtsverfahrens verurteilt? Aber bei einer so wichtigen Angelegenheit, da jemand, dem der Ruf eines Toten, das Vermögen eines Lebenden überantwortet und anvertraut sind, dem Toten Schande, dem Lebenden Mittellosigkeit gebracht hat, soll dieser unter die ehrenwerten Menschen oder auch nur unter die Lebenden gerechnet werden? Bei den kleinsten Privatangelegenheiten führt sogar nachlässige Ausführung zur Anklage wegen Auftragsverletzung und zur gerichtlichen Strafe des Ehrverlustes, weil, wenn es richtig zugehen soll, der Auftraggeber sich um seine Sache nicht mehr zu kümmern braucht, der damit Beauftragte aber nicht nachlässig sein darf. Aber wer in einer so wichtigen Angelegenheit, die in öffentlichem Auftrag ausgeführt wurde, nicht durch Nachlässigkeit irgendeinen privaten Nutzen beeinträchtigt, sondern auf unredliche Weise sogar die Heiligkeit der Gesandtschaft entweiht und befleckt hat, mit was für einer Strafe soll der dann eigentlich belegt oder in was für einem Gerichtsverfahren abgeurteilt werden? Wenn Sextus Roscius den Capito privatrechtlich damit beauftragt hätte, mit Chrysogonus einen Vergleich zu schließen und ein Abkommen zu treffen und darauf nötigenfalls sein Ehrenwort zu geben, und wenn Capito sich zur Ausführung verpflichtet hätte, müßte er nicht, falls er auch nur eine Kleinigkeit aus diesem Handel an sich gebracht hätte, auf Grund eines richterlichen Urteils Schadenersatz leisten und alle bürgerlichen Ehrenrechte verlieren? (115) Jetzt aber hat nicht Sextus Roscius ihn hiermit beauftragt, sondern, was viel schwerer wiegt, Sextus Roscius selbst wurde mitsamt seinem Ruf, seinem Leben und seinem gesamten Besitz von den Ratsherren im Auftrag der Gemeinde dem T. Roscius überantwortet; und hierbei hat T. Roscius nicht etwa nur irgendeine Kleinigkeit an sich gebracht, sondern er brachte Sextus Roscius völlig um seinen Besitz, er handelte sich selbst drei Güter aus, er achtete den Willen

decurionum ac municipum omnium tantidem quanti fidem suam fecit.

40 (116) Videte iam porro cetera, iudices, ut intellegatis fingi maleficium nullum posse quo iste sese non contaminarit. In rebus minoribus socium fallere turpissimum est aequeque turpe atque illud de quo ante dixi; neque iniuria, propterea quod auxilium sibi se putat adiunxisse qui cum altero rem communicavit. Ad cuius igitur fidem confugiet, cum per eius fidem laeditur cui se commiserit? Atque ea sunt animadvertenda peccata maxime quae difficillime praecaventur. Tecti esse ad alienos possumus, intimi multa apertiora videant necesse est; socium cavere qui possumus? quem etiam si metuimus, ius offici laedimus. Recte igitur maiores eum qui socium fefellisset in virorum bonorum numero non putarunt haberi oportere. (117) At vero T. Roscius non unum rei pecuniariae socium fefellit, quod, tametsi grave est, tamen aliquo modo posse ferri videtur, verum novem homines honestissimos, eiusdem muneris, legationis, offici mandatorumque socios, induxit, decepit, destituit, adversariis tradidit, omni fraude et perfidia fefellit; qui de scelere suspicari eius nihil potuerunt, socium offici metuere non debuerunt, eius malitiam non viderunt, orationi vanae crediderunt. Itaque nunc illi homines honestissimi propter istius insidias parum putantur cauti providique

der Ratsherren und aller Mitbürger ebensowenig wie sein eigenes Wort.

40 (116) Betrachtet jetzt weiter das übrige, ihr Richter, damit ihr erkennt, daß sich keine Untat ausdenken läßt, mit der sich dieser Schurke nicht befleckt hätte. Bei kleineren Angelegenheiten ist es höchst schändlich, seinen Teilhaber zu betrügen, und zwar ebenso schändlich wie die Tat, über die ich vorher gesprochen habe.[38] Und nicht zu Unrecht, weil für sich eine Hilfe gewonnen zu haben glaubt, wer sich mit einem anderen zu gemeinsamer Sache verbindet. Zu wessen Treue soll er denn noch seine Zuflucht nehmen, wenn er durch den Treuebruch dessen geschädigt wird, dem er sich anvertraut hat? Auch muß man die Vergehen am härtesten ahnden, vor denen man sich am schwersten in acht nehmen kann. Wir können gegen Fremde verschlossen sein, die Nächststehenden sehen notwendigerweise vieles offener zutage liegen; wie aber können wir uns vor einem Teilhaber in acht nehmen? Denn wenn wir auch ihm mit Mißtrauen begegnen, so verletzen wir die durch das Recht festgelegte Treuepflicht. Mit Recht also glaubten unsere Vorfahren, daß jemand, der seinen Teilhaber betrogen habe, nicht zu den ehrenhaften Männern gezählt werden dürfe. (117) T. Roscius jedoch hat nicht den einzigen Teilhaber eines Geldgeschäftes betrogen, was, so schlimm es auch ist, sich doch vielleicht irgendwie ertragen läßt, sondern er hat neun hochangesehene Männer, die Teilhaber an derselben Aufgabe, Gesandtschaft, amtlichen Verrichtung und Weisung an der Nase herumgeführt, getäuscht, im Stich gelassen, den Gegnern ausgeliefert, durch Täuschung und Treuebruch jeder Art betrogen; sie aber konnten von seinem Verbrechen nichts ahnen, durften gegen den Teilhaber am amtlichen Auftrag kein Mißtrauen hegen, sie bemerkten seine Bosheit nicht, sie glaubten seinen lügnerischen Worten. Und so stehen jetzt die hochangesehenen Männer wegen der Intrigen dieses Schuftes in dem Ruf, nicht achtsam und vorsichtig

fuisse; iste qui initio proditor fuit, deinde perfuga, qui primo sociorum consilia adversariis enuntiavit, deinde societatem cum ipsis adversariis coiit, terret etiam nos ac minatur tribus praediis, hoc est praemiis sceleris, ornatus. In eius modi vita, iudices, in his tot tantisque flagitiis hoc quoque maleficium de quo iudicium est reperietis. (118) Etenim quaerere ita debetis: ubi multa avare, multa audacter, multa improbe, multa perfidiose facta videbitis, ibi scelus quoque latere inter illa tot flagitia putatote. Tametsi hoc quidem minime latet quod ita promptum et propositum est ut non ex illis maleficiis quae in illo constat esse hoc intellegatur verum ex hoc etiam, si quo de illorum forte dubitabitur, convincatur. Quid tandem, quaeso, iudices? num aut ille lanista omnino iam a gladio recessisse videtur aut hic discipulus magistro tantulum de arte concedere? Par est avaritia, similis improbitas, eadem impudentia, gemina audacia.

41 (119) Etenim, quoniam fidem magistri cognostis, cognoscite nunc discipuli aequitatem. Dixi iam antea saepe numero postulatos esse ab istis duos servos in quaestionem. Tu semper, T. Rosci, recusasti. Quaero abs te: ›Eine qui postulabant indigni erant qui impetrarent, an is te non commovebat pro quo postulabant, an res ipsa tibi

genug gewesen zu sein; er aber, der zu Anfang ein Verräter war, dann ein Überläufer, der zuerst die Beschlüsse der Teilnehmer an der Gesandtschaft den Gegnern mitteilte, dann eine Teilhaberschaft mit den Gegnern selbst einging, dieser Schuft, ausgestattet mit drei Gütern, das heißt der Belohnung für sein Verbrechen, versucht auch uns zu erschrecken und durch Drohungen zu ängstigen. In einem derartigen Leben, ihr Richter, unter diesen vielen und üblen Schandtaten werdet ihr auch diese Untat entdecken, über die hier verhandelt wird. (118) Ihr müßt nämlich bei der Untersuchung so verfahren: wo ihr viele aus Habsucht, viele aus Skrupellosigkeit, viele aus Bosheit, viele aus Unredlichkeit begangene Taten seht, dort, unter so vielen Schandtaten, verbirgt sich auch ein Verbrechen, wie ihr glauben dürft. Freilich ist dieses Verbrechen keineswegs verborgen: im Gegenteil, es liegt so zutage und vor aller Augen, daß man nicht nur von den Untaten, die dem Capito anerkanntermaßen anhängen, auf dieses Verbrechen schließen, sondern den Beweis auch aus diesem Verbrechen gewinnen kann, wenn man etwa an irgendeiner seiner Untaten Zweifel haben sollte. Ich bitte euch, ihr Richter, was wollt ihr eigentlich noch? Glaubt ihr etwa, daß jener Fechtmeister sein Schwert schon völlig beiseite gelegt hat oder dieser Schüler hier seinem Lehrmeister auch nur ein wenig an Gewandtheit nachsteht? Gleich ist ihre Habsucht, ähnlich ihre Böswilligkeit, von derselben Art ihre Unverschämtheit, nicht zu unterscheiden ihre Skrupellosigkeit.

41 (119) Denn nachdem ihr die Zuverlässigkeit des Lehrmeisters kennengelernt habt, lernt jetzt das Gerechtigkeitsgefühl des Schülers kennen. Ich habe schon früher gesagt, daß man die beiden wiederholt aufgefordert hat, zwei Sklaven zum peinlichen Verhör herauszugeben. Du, T. Roscius, hast dich immer geweigert. Ich frage dich: »Verdienten die Männer, die die Forderung stellten, es nicht, sie erfüllt zu bekommen, oder war dir der Mann, für den sie die Forderung stellten, völlig gleichgültig,

iniqua videbatur?‹ Postulabant homines nobilissimi atque integerrimi nostrae civitatis quos iam antea nominavi; qui ita vixerunt talesque a populo Romano putantur ut quicquid dicerent nemo esset qui non aequum putaret. Postulabant autem pro homine miserrimo atque infelicissimo qui vel ipse sese in cruciatum dari cuperet, dum de patris morte quaereretur. (120) Res porro abs te eius modi postulabatur ut nihil interesset, utrum eam rem recusares an de maleficio confiterere. Quae cum ita sint, quaero abs te quam ob causam recusaris. Cum occiditur Sex. Roscius ibidem fuerunt. Servos ipsos, quod ad me attinet, neque arguo neque purgo; quod a vobis oppugnari video ne in quaestionem dentur, suspiciosum est; quod vero apud vos ipsos in honore tanto sunt, profecto necesse est sciant aliquid, quod si dixerint perniciosum vobis futurum sit. – ›In dominos quaeri de servis iniquum est.‹ – At non quaeritur; Sex. enim Roscius reus est; neque enim, cum de hoc quaeritur, *in dominos quaeritur;* vos enim dominos esse dicitis. – ›Cum Chrysogono sunt.‹ – Ita credo; litteris eorum et urbanitate Chrysogonus ducitur ut inter suos omnium deliciarum atque omnium artium puerulos ex tot elegantissimis familiis lectos velit hos versari, homines paene operarios, ex Amerina disciplina patris familiae rusticani. (121) Non ita est profecto, iudices; non est veri simile ut Chrysogonus horum litteras adamarit aut humanitatem, non ut rei

oder kam dir die Forderung selbst unbillig vor?« Die Forderung stellten die vornehmsten und uneigennützigsten Männer aus unserer Bürgerschaft, die ich schon früher genannt habe; sie haben ein solches Leben geführt und werden vom römischen Volk so hoch geschätzt, daß jeder alles, was sie sagen, für recht und billig hält. Sie stellten aber die Forderung für den beklagenswertesten und unglücklichsten Menschen, der sogar selbst sich freiwillig der Folterung übergäbe, wenn nur der Tod seines Vaters gerichtlich untersucht würde. (120) Ferner richtete man eine derartige Forderung an dich, daß es kein Unterschied war, ob du diese Forderung ablehntest oder über die Untat ein Geständnis ablegtest. Ich frage dich, weshalb du sie unter diesen Umständen abgelehnt hast. Als Sextus Roscius ermordet wurde, waren die Sklaven zugegen. Sie selbst möchte ich, was mich betrifft, weder beschuldigen noch entschuldigen; daß ihr aber, wie ich sehe, gegen ihre Herausgabe zum peinlichen Verhör ankämpft, ist verdächtig; da sie gar gerade bei euch in so hohem Ansehen stehen, müssen sie bestimmt etwas wissen, das mitzuteilen für euch gefährlich sein würde. – »Sklaven gegen ihre Herren zu verhören ist ungerecht.« – Aber man verhört sie ja nicht gegen ihre Herren; denn Sextus Roscius ist der Angeklagte; wenn man sie also über ihn verhört, verhört man sie nicht gegen ihre Herren; denn ihr seid ja ihre Herren, wie ihr behauptet.« – »Sie sind im Gefolge des Chrysogonus.« – Das glaube ich; Chrysogonus fühlt sich durch ihre literarische Bildung und ihre feine Lebensart angezogen, so daß er wünscht, daß sie sich unter seinen Bürschchen bewegen, die zu allerlei Vergnügungen und allerlei Künsten geschickt und aus zahlreichen erlesensten Dienerschaften ausgewählt sind[39] – diese Burschen, die sich fast nur auf Tagelöhnerarbeit verstehen, aus der Zucht eines bäuerlichen Hausvaters aus Ameria. (121) Nein, so ist es bestimmt nicht, ihr Richter: es ist nicht wahrscheinlich, daß Chrysogonus ihre literarische Bildung und feine Art lieb-

familiaris negotio diligentiam cognorit eorum et fidem. Est quiddam quod occultatur; quod quo studiosius ab istis opprimitur et absconditur, eo magis eminet et apparet. 42 (122) Quid igitur? Chrysogonus suine malefici occultandi causa quaestionem de eis haberi non volt? Minime, iudices; non in omnis arbitror omnia convenire. Ego in Chrysogono, quod ad me attinet, nihil eius modi suspicor; neque hoc mihi nunc primum in mentem venit dicere. Meministis me ita distribuisse initio causam: in crimen cuius tota argumentatio permissa Erucio est, et in audaciam cuius partes Rosciis impositae sunt. Quicquid malefici, sceleris, caedis erit, proprium id Rosciorum esse debebit. Nimiam gratiam potentiamque Chrysogoni dicimus et nobis obstare et perferri nullo modo posse et a vobis, quoniam potestas data est, non modo infirmari verum etiam vindicari oportere. (123) Ego sic existimo, qui quaeri velit ex eis quos constat, cum caedes facta sit, adfuisse, eum cupere verum inveniri; qui id recuset, eum profecto, tametsi verbo non audeat, tamen re ipsa de maleficio suo confiteri. Dixi initio, iudices, nolle me plura de istorum scelere dicere quam causa postularet ac necessitas ipsa cogeret. Nam et multae res adferri possunt, et una quaeque earum multis cum argumentis dici potest. Verum ego quod invitus ac necessario facio neque diu neque diligenter facere possum. Quae praeteriri nullo

gewonnen hat, noch, daß er bei einem geschäftlichen Auftrag ihre Umsicht und Zuverlässigkeit erkannt hat. Da gibt es etwas, das man zu verbergen sucht; doch je eifriger die Gegenpartei es unterdrückt und verhüllt, um so mehr tritt es hervor und kommt zum Vorschein. 42
(122) Wie? So wünscht also Chrysogonus nicht, daß mit den beiden ein Verhör angestellt wird, um eine von ihm selbst begangene Untat zu verbergen? Keineswegs, ihr Richter; meiner Meinung nach paßt nicht alles für alle. Was mich betrifft, möchte ich bei Chrysogonus nichts Derartiges vermuten, und es kommt mir nicht erst jetzt in den Sinn, mich dahin zu äußern. Denn, wie ihr euch erinnert, habe ich mein Plädoyer zu Anfang folgendermaßen gegliedert: in die Widerlegung der Anklage, deren gesamte Beweisführung Erucius anvertraut ist, und in die Darlegung der Skrupellosigkeit, deren Rolle den Rosciern zugeteilt ist. Alles, was sich hier an Übeltat, Verbrechen und Mord herausstellen wird, wird man auf das Konto der Roscier setzen müssen. Von Chrysogonus aber behaupte ich, daß seine allzu einflußreiche Stellung und Macht uns im Wege steht und auf die Dauer ganz unerträglich ist und von euch, da euch die Befugnis dazu übertragen ist, nicht nur geschwächt, sondern sogar bestraft werden muß. (123) Ich sehe die Sache so an: wer verlangt, daß die verhört werden, die, wie feststeht, zugegen waren, als der Mord geschah, wünscht, daß die Wahrheit gefunden wird; wer das jedoch verweigert, legt, mag er es mit Worten auch nicht wagen, doch durch sein Verhalten selbst ein Geständnis über seine Untat ab. Ich habe zu Anfang erklärt, ihr Richter, ich wolle nicht mehr über das Verbrechen dieser Leute sagen, als die Sache erfordere und die Notwendigkeit selbst erzwinge. Denn es ließen sich noch viele Punkte beibringen und ein jeder von ihnen mit vielen Beweisen erörtern. Aber ich kann, was ich ungern und nur notgedrungenermaßen tue, weder lange noch gründlich tun. Was sich auf keinen Fall übergehen ließ, das habe ich oberflächlich

modo poterant, ea leviter, iudices, attigi, quae posita sunt in suspicionibus de quibus, si coepero dicere, pluribus verbis sit disserendum, ea vestris ingeniis coniecturaeque committo.

43 (124) Venio nunc ad illud nomen aureum Chrysogoni sub quo nomine tota societas latuit; de quo, iudices, neque quo modo dicam neque quo modo taceam reperire possum. Si enim taceo, vel maximam partem relinquo; sin autem dico, vereor ne non ille solus, id quod ad me nihil attinet, sed alii quoque plures laesos se putent. Tametsi ita se res habet ut mihi in communem causam sectorum dicendum nihil magno opere videatur; haec enim causa nova profecto et singularis est. (125) Bonorum Sex. Rosci emptor est Chrysogonus. Primum hoc videamus: eius hominis bona qua ratione venierunt aut quo modo venire potuerunt? Atque hoc non ita quaeram, iudices, ut id dicam esse indignum, hominis innocentis bona venisse – si enim haec audientur ac libere dicentur, non fuit tantus homo Sex. Roscius in civitate ut de eo potissimum conqueramur – verum ego hoc quaero: Qui potuerunt ista ipsa lege quae de proscriptione est, sive Valeria est sive Cornelia – non enim novi nec scio – verum ista ipsa lege bona Sex. Rosci venire qui potuerunt? (126) Scriptum enim ita dicunt esse: UT AUT EORUM BONA VENEANT QUI PROSCRIPTI SUNT; quo in numero Sex. Roscius non est: AUT EORUM QUI IN ADVERSARIORUM PRAESIDIIS OCCISI

berührt, ihr Richter; was aber auf Verdachtsgründen beruht und worüber ich, begänne ich erst einmal darüber zu sprechen, mich mit mehr Worten verbreiten müßte, das überlasse ich eurem Scharfsinn und eurem Kombinationsvermögen.

43 (124) Ich komme jetzt zu Chrysogonus, jenem Goldjungen,[40] unter dessen Namen sich die ganze Bande versteckt hielt; doch kann ich nicht ausfindig machen, ihr Richter, wie ich darüber sprechen, noch, wie ich schweigen soll. Denn wenn ich schweige, dann lasse ich den wohl wichtigsten Teil unberücksichtigt; wenn ich aber rede, dann fürchte ich, daß nicht er allein (was mich nicht kümmert), sondern auch noch einige andere sich verletzt fühlen. Indes verhält es sich so, daß ich mit allem Nachdruck die Meinung vertrete, über das Problem der Aufkäufer insgesamt kein Wort sagen zu müssen; denn dieser Fall ist gewiß neu und einzigartig. (125) Chrysogonus ist der Käufer des Besitzes des Sextus Roscius. Zuerst wollen wir diesen Punkt betrachten: mit welchem Recht wurde der Besitz dieses Mannes verkauft oder wie konnte er überhaupt verkauft werden? Und zwar will ich mit dieser Frage, ihr Richter, nicht sagen, es sei eine Schande, daß der Besitz eines unschuldigen Menschen verkauft worden ist. Denn wenn man später einmal für diese Dinge ein Ohr haben wird und sich frei darüber äußern kann, wird man sagen: Sextus Roscius war kein so bedeutender Mann in unserem Staate, daß wir ihn in erster Linie beklagen müßten. Ich frage jedoch hiernach: wie konnte man gerade auf Grund des Gesetzes über die Ächtung, mag es ein Valerisches oder Cornelisches Gesetz sein[41] (ich weiß es nämlich nicht und habe keine Ahnung), wie konnte man gerade auf Grund dieses Gesetzes den Besitz des Sextus Roscius verkaufen? (126) Man sagt nämlich, es heiße dort wörtlich: »Es soll der Besitz von denen verkauft werden, die geächtet sind« – zu denen zählt Sextus Roscius nicht – »oder von denen, die als Angehörige der gegnerischen Truppen

SUNT. Dum praesidia ulla fuerunt, in Sullae praesidiis fuit; postea quam ab armis *omnes* recesserunt, in summo otio rediens a cena Romae occisus est. *Si* lege, bona quoque lege venisse fateor. Sin autem constat contra omnis non modo veteres leges verum etiam novas occisum esse, bona quo iure aut quo modo aut qua lege venierint quaero.

44 (127) In quem hoc dicam quaeris, Eruci? Non in eum quem vis et putas; nam Sullam et oratio mea ab initio et ipsius eximia virtus omni tempore purgavit. Ego haec omnia Chrysogonum fecisse dico, ut ementiretur, ut malum civem *Sex.* Roscium fuisse fingeret, ut eum apud adversarios occisum esse diceret, ut his de rebus a legatis Amerinorum doceri L. Sullam passus non sit. Denique etiam illud suspicor, omnino haec bona non venisse; id quod postea, si per vos, iudices, licitum erit, aperietur. (128) Opinor enim esse in lege quam ad diem proscriptiones venditionesque fiant, nimirum Kalendas Iunias. Aliquot post mensis et homo occisus est et bona venisse dicuntur. Profecto aut haec bona in tabulas publicas nulla redierunt nosque ab isto nebulone facetius eludimur quam putamus, aut, si redierunt, tabulae publicae corruptae aliqua ratione sunt; nam lege quidem bona venire non potuisse constat. Intellego me ante tempus, iudices, haec scrutari et prope modum errare qui, cum

GETÖTET WORDEN SIND.« Solange es überhaupt Truppen gab, gehörte er zu den Truppen Sullas; nachdem man die Waffen niedergelegt hatte, wurde er im tiefsten Frieden bei der Rückkehr von einem Essen getötet. Wenn die Tötung gesetzlich war, dann, das gebe ich zu, war auch der Verkauf des Besitzes gesetzlich. Wenn aber feststeht, daß er entgegen allen Gesetzen, nicht nur den alten, sondern auch den neuen,[42] getötet worden ist, dann frage ich, nach welchem Recht, nach welcher Vorschrift oder nach welchem Gesetz der Besitz verkauft worden ist.

44 (127) Gegen wen sich diese meine Worte richten, fragst du, Erucius? Nicht gegen den, den du gern möchtest und meinst; denn den Sulla hat meine ausdrückliche Erklärung von Anfang an[43] und seine eigene hervorragende Tüchtigkeit zu jeder Zeit von Schuld freigesprochen. Ich erkläre: dies alles hat Chrysogonus getan; er hat sich Lügen ausgedacht, er hat vorgegeben, Sextus Roscius sei ein schlechter Bürger gewesen; er hat behauptet, dieser sei auf seiten der Gegner getötet worden; er hat nicht zugelassen, daß die Gesandten aus Ameria L. Sulla über diese Dinge unterrichteten. Endlich vermute ich sogar, daß der Besitz des Sextus Roscius überhaupt nicht verkauft worden ist – was sich später, wenn ihr es erlaubt, ihr Richter, herausstellen wird.[44] (128) Ich möchte nämlich annehmen, daß im Gesetz ein Termin festgesetzt war, bis zu dem Ächtungen und Verkäufe stattfinden durften, natürlich der erste Juni. Aber erst einige Monate später ist der Mann getötet und sein Besitz angeblich verkauft worden. Bestimmt wurde dieser Besitz entweder gar nicht in die staatlichen Rechnungsbücher eingetragen, und dieser Schuft treibt sein Spiel mit uns viel raffinierter, als wir ahnen, oder, wenn er doch eingetragen wurde, wurden die Rechnungsbücher irgendwie gefälscht; denn es steht jedenfalls fest, daß der Besitz auf Grund eines Gesetzes nicht hat verkauft werden können. Doch ich bin mir bewußt, ihr Richter, daß ich vor der Zeit diese Dinge untersuche und mich beinahe auf Abwege begebe,

capiti Sex. Rosci mederi debeam, reduviam curem. Non enim laborat de pecunia, non ullius rationem sui commodi ducit; facile egestatem suam se laturum putat, si hac indigna suspicione et ficto crimine liberatus sit. (129) Verum quaeso a vobis, iudices, ut haec pauca quae restant ita audiatis ut partim me dicere pro me ipso putetis, partim *pro* Sex. Roscio. Quae enim mihi ipsi indigna et intolerabilia videntur quaeque ad omnis, nisi providemus, arbitror pertinere, ea pro me ipso ex animi mei sensu ac dolore pronuntio; quae ad huius vitae casum causamque pertinent et quid hic pro se dici velit et qua condicione contentus sit iam in extrema oratione nostra, iudices, audietis.

45 (130) Ego haec a Chrysogono mea sponte remoto Sex. Roscio quaero, primum qua re civis optimi bona venierint, deinde qua re hominis eius qui *neque proscriptus* neque apud adversarios occisus est bona venierint, cum in eos solos lex scripta sit, deinde qua re aliquanto post eam diem venierint quae dies in lege praefinita est, deinde cur tantulo venierint. Quae omnia si, quem ad modum solent liberti nequam et improbi facere, in patronum suum voluerit conferre, nihil egerit; nemo est enim qui nesciat propter magnitudinem rerum multa multos *partim improbante*, partim imprudente L. Sulla commisisse. (131) Placet igitur in his rebus aliquid imprudentia praeteriri? Non placet, iudices, sed necesse est. Etenim si Iuppiter Optimus Maximus cuius nutu et arbi-

indem ich mich um eine Kleinigkeit kümmere, wo ich doch den Kopf des Sextus Roscius retten muß. Denn er leidet nicht wegen des Geldes, er schenkt nicht irgendeinem Vermögensvorteil Beachtung; er glaubt, er könne leicht seine Armut ertragen, wenn er nur von diesem schimpflichen Verdacht und der erlogenen Anschuldigung befreit sei. (129) Doch ich bitte euch, ihr Richter: hört euch das wenige, was noch aussteht, so an, daß ihr glaubt, ich spräche teils für mich selbst, teils für Sextus Roscius. Denn was mir selbst schimpflich und unerträglich erscheint und was meiner Meinung nach alle treffen kann, wenn wir nicht vorbauen, das spreche ich für mich selbst aus, wie es meinem inneren Gefühl und Schmerz entspricht; was jedoch zu Fall und Lage von dieses Mannes Lebensschicksal gehört und was dieser zu seinen Gunsten gesagt wissen will und mit welchem Los *er* zufrieden ist, das werdet ihr bald am Ende unserer Rede hören, ihr Richter.

45 (130) Ich möchte Chrysogonus aus eigenem Antrieb, ohne Sextus Roscius hineinzuziehen, folgendes fragen. Erstens: weshalb wurde der Besitz eines vortrefflichen Bürgers verkauft? Dann: weshalb wurde der Besitz eines Mannes verkauft, der weder geächtet noch auf seiten der Gegner getötet wurde, obwohl das Gesetz nur gegen solche Leute erlassen ist? Dann: weshalb wurde er eine beträchtliche Zeit nach dem Termin verkauft, der im Gesetz vorgeschrieben ist? Dann: weshalb wurde er für einen so unbedeutenden Preis verkauft? Wenn er die Schuld an allen diesen Vorgängen, wie es nichtsnutzige und unredliche Freigelassene zu tun pflegen, auf seinen Schutzherren schieben möchte, so richtet er damit gar nichts aus; denn jeder weiß, daß wegen des Umfangs der Geschäfte viele vieles getan haben, was L. Sulla zum Teil nicht billigte, zum Teil nicht wußte. (131) So ist es also richtig, manches hiervon nicht zur Kenntnis zu nehmen und zu übergehen? Richtig ist es nicht, ihr Richter, aber es ist unvermeidlich. Denn auch der allgütige und all-

trio caelum terra mariaque reguntur saepe ventis vehementioribus aut immoderatis tempestatibus aut nimio calore aut intolerabili frigore hominibus nocuit, urbis delevit, fruges perdidit, quorum nihil pernicii causa divino consilio sed vi ipsa et magnitudine rerum factum putamus, at contra commoda quibus utimur lucemque qua fruimur spiritumque quem ducimus ab eo nobis dari atque impertiri videmus, quid miramur, iudices, L. Sullam, cum solus rem publicam regeret orbemque terrarum gubernaret imperique maiestatem quam armis receperat iam legibus confirmaret, aliqua animadvertere non potuisse? nisi hoc mirum est quod vis divina adsequi non possit, si id mens humana adepta non sit. (132) Verum ut haec missa faciam quae iam facta sunt, ex eis quae nunc cum maxime fiunt nonne quivis potest intellegere omnium architectum et machinatorem unum esse Chrysogonum? qui Sex. Rosci nomen deferendum curavit, cuius honoris causa accusare se dixit Erucius ...

In vico Pallacinae] *Locus ubi cenaverat Roscius.* – Maxime metuit] *Sullam scilicet.* – Derivat tamen et ait se] *id est suspicionem suam in alium deducit. Hoc enim dicebat Chrysogonus: ›Non quia timui ne mihi tollerentur bona Rosci, ideo eius praedia dissipavi, sed, quia aedificabam, in Veientanam ideo de his transtuli.‹* – Manu praedia praediis] *Praediis, occasione, quem ad modum dici-*

mächtige Juppiter, durch dessen Befehl und Willen Himmel, Erde und Meere beherrscht werden, fügt oft durch allzu heftige Winde oder unmäßige Unwetter oder allzu große Hitze oder unerträgliche Kälte den Menschen Schaden zu, zerstört Städte, vernichtet Ernten, und wir glauben dennoch, daß nichts von dem um des Verderbens willen auf göttlichen Ratschluß, sondern vielmehr durch die bloße Gewalt und Stärke der Naturkräfte geschehe; andererseits aber sehen wir, daß die Annehmlichkeiten, die wir nutzen, das Licht, das wir genießen, die Luft, die wir atmen, von ihm uns gegeben und zugeteilt werden. Wie können wir uns da wundern, ihr Richter, daß L. Sulla manches nicht bemerken konnte, da er allein den Staat lenkte und die Welt regierte und die Hoheit des Reiches, die er mit den Waffen wiederhergestellt hatte, nunmehr mit Gesetzen sicherte? Es sei denn, es ist verwunderlich, daß menschlicher Verstand nicht erreicht hat, was göttliche Macht nicht schaffen kann. (132) Indes um das, was schon geschehen ist, beiseite zu lassen, kann nicht jeder aus den Dingen, die gerade jetzt geschehen, erkennen, daß allein Chrysogonus Organisator und Drahtzieher von allem ist? Denn er hat dafür gesorgt, daß gegen Sextus Roscius Anklage erhoben wurde, er, zu dessen Ehre Erucius nach seinen eigenen Worten als Ankläger auftritt ...[45]

In der Pallacina-Straße.[46] *(Der Ort, wo Roscius gespeist hatte.)* Am meisten fürchtete er ... *(nämlich Sulla).* Dennoch schweift er ab und sagt, er habe ... *(Das heißt, er lenkt den Verdacht auf einen anderen. Chrysogonus erklärte nämlich: »Ich habe die Güter des Roscius nicht aufgeteilt, weil ich fürchtete, daß mir sein Besitz wieder entzogen würde, sondern weil ich am Bauen war, deshalb habe ich etwas davon auf meinen Besitz in Veji übertragen.«)* Durch die Güter Grundstückssicherheiten zur Verfügungsgewalt. *(Durch die Güter, einen Gelegenheitserwerb, wie wir zu sagen pflegen: »Stell mir jenes*

mus: ›fac ad manum illum codicem‹. – Hic ego audire istos cupio] *In hoc capite de potentia Chrysogoni invidiam facit, ut enumeret singula deliciarum genera, quod habeat pluris possessiones, mancipia, quae omnia dicit de rapinis ipsum habere. (Schol. Gron. p.* 436. 14.)

46 ... aptam et ratione dispositam se habere existimant, qui in Sallentinis aut in Bruttiis habent unde vix ter in anno audire nuntium possunt.

(133) Alter tibi descendit de Palatio et aedibus suis; habet animi causa rus amoenum et suburbanum, plura praeterea praedia neque tamen ullum nisi praeclarum et propinquum. Domus referta vasis Corinthiis et Deliacis, in quibus est authepsa illa quam tanto pretio nuper mercatus est ut qui praetereuntes quid praeco enumeraret audiebant fundum venire arbitrarentur. Quid praeterea caelati argenti, quid stragulae vestis, quid pictarum tabularum, quid signorum, quid marmoris apud illum putatis esse? Tantum scilicet quantum e multis splendidisque familiis in turba et rapinis coacervari una in domo potuit. Familiam vero quantam et quam variis cum artificiis habeat quid ego dicam? (134) Mitto hasce artis volgaris, coquos, pistores, lecticarios; animi et aurium causa tot homines habet ut cotidiano cantu vocum et nervorum et tibiarum nocturnisque conviviis tota vicinitas personet. In hac vita, iudices, quos sumptus cotidianos, quas effu-

Buch zur Verfügung.«) Hier möchte ich diese Leute hören. *(In diesem Kapitel heizt er die Erbitterung über die Macht des Chrysogonus dadurch an, daß er im einzelnen die Arten seiner Liebhabereien aufzählt; daß er mehrere Besitzungen und Sklaven habe; alles dies, sagt er, habe er von seinen Raubzügen.)*

46 ... und sie glauben, ein geeignetes und zweckmäßig eingerichtetes Landhaus zu besitzen, wenn sie eines im Sallentiner- oder Bruttierland[47] besitzen, von wo sie kaum dreimal im Jahr eine Nachricht empfangen können.

(133) Der andere aber kommt dir vom Palatin[48] und aus seinem eigenen Haus herab; er hat zu seinem Vergnügen einen lieblichen und in unmittelbarer Nähe der Stadt gelegenen Landsitz, außerdem mehrere Güter, die alle ohne Ausnahme vortrefflich sind und in der Nähe liegen. Sein Haus ist vollgestopft mit korinthischem und delischem Geschirr, worunter die bekannte Kochmaschine ist,[49] die er neulich für einen so hohen Preis erworben hat, daß die Leute, die im Vorbeigehen die Zahlen, die der Auktionator ausrief, hörten, glaubten, man verkaufe ein Grundstück. Was muß sich nicht außerdem an ziseliertem Silber, an Teppichen, an Gemälden, an Statuen, an Marmor bei ihm befinden? Doch wohl so viel, wie sich nur aus vielen glänzenden Haushalten in einer Zeit der Wirren und Räubereien in einem einzigen Hause aufhäufen ließ. Und was soll ich nun gar sagen über die Dienerschaft, die er hat, über ihre große Zahl und ihre verschiedenartigen Fertigkeiten. (134) Ich lasse die gewöhnlichen Fertigkeiten beiseite, die Köche, Bäcker und Sänftenträger; um Herz und Ohren zu erfreuen, hält er sich so viele Leute, daß die ganze Nachbarschaft am Tage vom Klang der Stimmen, Saiten und Flöten und in der Nacht von den Gelagen widerhallt. Bei einem solchen Lebensstil, ihr Richter, was für ein Aufwand, was für eine Verschwendung wird da wohl eurer Meinung nach täg-

siones fieri putatis, quae vero convivia? honesta, credo, in eius modi domo, si domus haec habenda est potius *quam* officina nequitiae ac deversorium flagitiorum omnium. (135) Ipse vero quem ad modum composito et dilibuto capillo passim per forum volitet cum magna caterva togatorum videtis, iudices; videtis ut omnis despiciat, ut hominem prae se neminem putet, ut se solum beatum, solum potentem putet. Quae vero efficiat et quae conetur si velim commemorare, vereor, iudices, ne quis imperitior existimet me causam nobilitatis victoriamque voluisse laedere. Tametsi meo iure possum, si quid in hac parte mihi non placeat, vituperare; non enim vereor ne quis alienum me animum habuisse a causa nobilitatis existimet.

47 (136) Sciunt ei qui me norunt me pro mea tenui infirmaque parte, postea quam id quod maxime volui fieri non potuit, ut componeretur, id maxime defendisse ut ei vincerent qui vicerunt. Quis enim erat qui non videret humilitatem cum dignitate de amplitudine contendere? quo in certamine perditi civis erat non se ad eos iungere quibus incolumibus et domi dignitas et foris auctoritas retineretur. Quae perfecta esse et suum cuique honorem et gradum redditum gaudeo, iudices, vehementerque laetor eaque omnia deorum voluntate, studio populi Roma-

lich getrieben, was für Gelage gar werden da veranstaltet? Anständige wahrscheinlich in einem derartigen Hause – wenn man das noch für ein Haus halten darf und nicht vielmehr für eine Brutstätte der Liederlichkeit und für eine Herberge aller Laster. (135) Und was nun gar den feinen Herrn selbst betrifft, da könnt ihr sehen, ihr Richter, wie er mit wohlfrisiertem und pomadisiertem Haar überall auf dem Forum herumstolziert, in Begleitung einer großen Schar von Bürgern[50]; ihr seht, wie er auf alle herabblickt, wie er keinen Menschen mehr über sich glaubt, wie er sich allein für reich, sich allein für mächtig hält. Wenn ich jedoch erwähnen wollte, ihr Richter, was er sonst noch treibt und was er beabsichtigt, so könnte, fürchte ich, ein noch etwas Unerfahrener auf den Gedanken kommen, ich wollte die Sache und den Sieg des Adels herabsetzen. Freilich könnte ich, wenn mir etwas an dieser Partei nicht gefiele, mit gutem Recht Kritik üben; denn ich fürchte nicht, daß jemand glaubt, ich hätte eine Abneigung gegen die Sache des Adels gehabt.

47 (136) Wer mich kennt, weiß: als sich, was ich mir am meisten gewünscht hätte, ein friedlicher Vergleich nicht herstellen ließ, habe ich, so gut ich es mit meiner geringen und schwachen Kraft konnte, am meisten den Standpunkt verfochten, daß die den Sieg errängen, die ihn dann auch errungen haben. Denn konnte nicht jeder sehen, daß Gemeinheit an Rang und Gesinnung mit der Würde um die Macht im Staate stritt? In diesem Streit konnten es nur heruntergekommene Bürger über sich gewinnen, sich nicht denen anzuschließen, durch deren Unversehrtheit die Würde im Innern und das Ansehen nach außen sich bewahren ließ. Es erfüllt mich mit Freude, ihr Richter, und ich gebe dieser Freude lebhaften Ausdruck, daß dies nun gelungen ist und jedem die Ehre und der Rang zurückgegeben sind, die ihm zukommen, und ich bin mir bewußt, daß dies alles nur durch das Wohlwollen der Götter, durch den Einsatz des römi-

ni, consilio et imperio et felicitate L. Sullae gesta esse intellego. (137) Quod animadversum est in eos qui contra omni ratione pugnarunt, non debeo reprehendere; quod viris fortibus quorum opera eximia in rebus gerendis exstitit honos habitus est, laudo. Quae ut fierent idcirco pugnatum esse arbitror meque in eo studio partium fuisse confiteor. Sin autem id actum est et idcirco arma sumpta sunt ut homines postremi pecuniis alienis locupletarentur et in fortunas unius cuiusque impetum facerent, et id non modo re prohibere non licet sed ne verbis quidem vituperare, tum vero in isto bello non recreatus neque restitutus sed subactus oppressusque populus Romanus est. (138) Verum longe aliter est; nil horum est, iudices. Non modo non laedetur causa nobilitatis, si istis hominibus resistetis, verum etiam ornabitur. 48 Etenim qui haec vituperare volunt Chrysogonum tantum posse queruntur; qui laudare volunt concessum ei non esse commemorant. Ac iam nihil est quod quisquam aut tam stultus aut tam improbus sit qui dicat: ›Vellem quidem liceret; hoc dixissem.‹ Dicas licet. ›Hoc fecissem.‹ Facias licet; nemo prohibet. ›Hoc decrevissem.‹ Decerne, modo recte; omnes approbabunt. ›Hoc iudicassem.‹ Laudabunt omnes, si recte et ordine iudicaris. (139) Dum necesse erat resque ipsa cogebat, unus omnia poterat; qui postea quam magistratus creavit legesque constituit, sua cuique procu-

schen Volkes, durch die Entschlußkraft und die Befehlsgewalt und das Glück des L. Sulla vollbracht worden ist. (137) Daß man gegen die vorgegangen ist, die sich auf jede Weise widersetzten, darf ich nicht tadeln; daß man den tapferen Männern, deren Einsatz in den Kampfhandlungen sich hervorragend bewährte, Ehre erwies, lobe ich. Ich glaube, daß man um dieses Zieles willen gekämpft hat, und ich bekenne, daß meine Sympathie dieser Partei gehört hat. Wenn es sich aber darum handelte und man deshalb zu den Waffen gegriffen hat, damit sich die übelsten Leute an fremdem Vermögen bereichern und über den Besitz eines jeden herfallen könnten, und wenn es nicht nur nicht erlaubt ist, so etwas durch die Tat zu verhindern, sondern nicht einmal, es mit Worten zu tadeln, dann ist das römische Volk in diesem Krieg in Wahrheit nicht wiedergeboren und wiederhergestellt, sondern unterworfen und unterdrückt worden. (138) Aber es verhält sich ganz anders; nichts von dem ist der Fall, ihr Richter. Die Sache des Adels wird nicht nur keinen Schaden erleiden, wenn ihr euch solchen üblen Leuten widersetzt, sondern sogar größeren Glanz gewinnen.

48 Denn wer die jetzigen Zustände tadeln will, beschwert sich darüber, daß Chrysogonus so viel Macht habe; wer sie loben will, erinnert daran, daß man ihm so viel Macht nicht zugestanden habe. Und jetzt darf niemand mehr so töricht oder so böswillig sein zu behaupten: »Ich wünschte, es wäre gestattet; dann hätte ich dies gesagt.« – Du darfst es sagen! »Ich hätte dies getan.« – Du darfst es tun; niemand hindert dich daran! »Ich hätte mich so entschieden.« – Entscheide dich, nur richtig; alle werden es billigen! »Ich hätte dies Urteil gefällt.« – Alle werden dich loben, wenn du richtig und ordentlich urteilst. (139) Solange es unumgänglich war und die Lage selbst es erforderte, vereinigte ein einziger alle Macht in seiner Hand; nachdem dieser Mann aber hatte Beamte wählen lassen und wieder eine gesetzmäßige Verfassung eingerichtet hatte,[51] da wurde jedem der Wirkungskreis

ratio auctoritasque est restituta. Quam si retinere volunt ei qui reciperarunt in perpetuum poterunt obtinere; sin has caedis et rapinas et hos tantos tamque profusos sumptus aut facient aut approbabunt – nolo in eos gravius quicquam ne ominis quidem causa dicere, unum hoc dico: nostri isti nobiles nisi vigilantes et boni et fortes et misericordes erunt, eis hominibus in quibus haec erunt ornamenta sua concedant necesse est. (140) Quapropter desinant aliquando dicere male aliquem locutum esse, si qui vere ac libere locutus sit, desinant suam causam cum Chrysogono communicare, desinant, si ille laesus sit, de se aliquid detractum arbitrari, videant ne turpe miserumque sit eos qui equestrem splendorem pati non potuerunt servi nequissimi dominationem ferre posse. Quae quidem dominatio, iudices, in aliis rebus antea versabatur, nunc vero quam viam munitet et quod iter adfectet videtis, ad fidem, ad ius iurandum, ad iudicia vestra, ad id quod solum prope in civitate sincerum sanctumque restat. (141) Hicne etiam sese putat aliquid posse Chrysogonus? hic*ne* etiam potens esse volt? O rem miseram atque acerbam! Neque me hercules hoc indigne fero, quod verear ne quid possit, verum quod ausus est, quod speravit sese apud talis viros aliquid ad perniciem *posse* innocentis, id ipsum queror. 49 Idcircone exspectata nobilitas armis atque ferro rem publicam reciperavit ut ad libidinem suam

und die Geltung zurückgegeben, die ihm zukamen. Wenn diejenigen nun, die ihre Stellung zurückgewonnen haben, sich diese erhalten wollen, so können sie sie für immer behalten; wenn sie aber diese Mordtaten und Raubzüge und diesen so gewaltigen und so maßlosen Aufwand entweder selbst treiben oder bei anderen billigen, dann – ich möchte nichts Schlimmeres gegen sie sagen, schon, um kein böses Vorzeichen zu geben – sage ich nur das eine: wenn unsere Herren vom Adel nicht wach und gütig, nicht energisch und mitfühlend sind, dann müssen sie ihre Vorrechte an die Leute abtreten, die diese Vorzüge besitzen. (140) Deshalb mögen sie endlich einmal aufhören zu erklären, jemand habe sich staatsfeindlich geäußert, wenn er sich wahrheitsgemäß und frei geäußert hat; sie mögen aufhören, ihre Sache mit der des Chrysogonus zu identifizieren, mögen aufhören zu glauben, daß ihnen etwas genommen wird, wenn Chrysogonus Schaden erleidet; sie mögen erwägen, ob es nicht schändlich und jammervoll ist, wenn sie, die den Glanz des Ritterstandes nicht hinzunehmen vermochten,[52] die Tyrannei des nichtsnutzigsten Sklaven[53] ertragen können. Diese Tyrannei tobte sich vorher in anderen Bereichen aus, ihr Richter, doch welchen Weg sie sich jetzt bahnt und welche Richtung sie einschlägt, seht ihr: ihr Ziel ist eure Zuverlässigkeit, euer Eid, eure Gerichte, fast das einzige, das im Staate noch unversehrt und unangetastet geblieben ist. (141) Glaubt Chrysogonus, daß er auch hier etwas auszurichten vermag? Will er auch hier mächtig sein? Ein jämmerlicher und bitterer Vorgang. Beim Herkules, ich bin nicht deshalb darüber empört, weil ich fürchtete, er könnte etwas ausrichten; sondern daß er es wagte, daß er hoffte, bei solchen Männern etwas zum Verderben eines Unschuldigen ausrichten zu können, eben darüber beklage ich mich. 49 Hat deshalb der sehnlichst erwartete Adel mit Waffengewalt den Staat zurückgewonnen, damit Freigelassene und Sklavenbürschchen sich an dem Besitz vornehmer Leute und

liberti servolique nobilium bona fortunas vitasque nostras vexare possent? (142) Si id actum est, fateor me errasse qui hoc maluerim, fateor insanisse qui cum illis senserim; tametsi inermis, iudices, sensi. Sin autem victoria nobilium ornamento atque emolumento rei publicae populoque Romano debet esse, tum vero optimo et nobilissimo cuique meam orationem gratissimam esse oportet. Quod si quis est qui et se et causam laedi putet, cum Chrysogonus vituperetur, is causam ignorat, se ipsum probe novit; causa enim splendidior fiet, si nequissimo cuique resistetur, ille improbissimus Chrysogoni fautor qui sibi cum illo rationem communicatam putat laeditur, cum ab hoc splendore causae separatur.

(143) Verum haec omnis oratio, ut iam ante dixi, mea est, qua me uti res publica et dolor meus et istorum iniuria coegit. Sex. Roscius horum nihil indignum putat, neminem accusat, nihil de suo patrimonio queritur. Putat homo imperitus morum, agricola et rusticus, ista omnia quae vos per Sullam gesta esse dicitis more, lege, iure gentium facta; culpa liberatus et crimine nefario solutus cupit a vobis discedere; (144) si hac indigna suspicione careat, animo aequo se carere suis omnibus commodis dicit. Rogat oratque te, Chrysogone, si nihil de patris fortunis amplissimis in suam rem convertit, si nulla in re

unserem Vermögen und Leben nach ihrem Belieben vergreifen können? (142) Wenn es *darum* ging, dann gestehe ich, mich geirrt zu haben, daß ich die Sache der Adligen vorgezogen habe, gestehe, töricht gewesen zu sein, daß ich es mit ihnen gehalten habe – wenn ich auch ohne Waffen zu ihnen hielt, ihr Richter. Wenn jedoch der Sieg der Adligen dem Ansehen und dem Nutzen des Staates und dem römischen Volk dienen soll, dann muß allen Anständigen und Adligen meine Rede in höchstem Grade willkommen sein. Wenn aber jemand glaubt, sowohl ihm wie der Sache der Adligen werde Schaden zugefügt, wenn man Chrysogonus tadelt, der kennt die Sache nicht, sich selbst aber kennt er ganz genau. Denn die Sache gewinnt an Glanz, wenn man allen Schuften Widerstand entgegensetzt; jenem Schuft aber, der Chrysogonus begünstigt und sich mit ihm durch gemeinsame Geschäfte verbunden fühlt, wird Schaden zugefügt, wenn er von dem Glanz dieser Sache ausgeschlossen wird.

(143) Doch dieser ganze Teil meiner Rede geht, wie ich schon früher gesagt habe,[54] auf mein Konto; denn das Interesse des Staates, mein Schmerz und das Unrecht dieser Männer haben mich dazu gezwungen. Sextus Roscius hält nichts von alledem für empörend, klagt niemanden an, beschwert sich gar nicht wegen seines Erbes. Denn dieser Mann, nicht vertraut mit den Sitten der Welt, Bauer und Landwirt, glaubt, alles das, was nach eurer Behauptung im Namen Sullas ausgeführt wurde, sei in Übereinstimmung mit Herkommen, Gesetz und allgemeingültigem Recht geschehen; von Schuld befreit und von einer entsetzlichen Anschuldigung freigesprochen, wünscht er von euch wegzukommen. (144) Wenn dieser schändliche Verdacht von ihm genommen ist, dann will er es, wie er erklärt, mit Gleichmut ertragen, daß ihm sein gesamtes Vermögen genommen ist. Dich aber, Chrysogonus, bittet er und fleht er an: wenn er von dem gewaltigen Vermögen seines Vaters nichts für sich unterschlagen, wenn er dich in keiner Beziehung betrogen hat,

te fraudavit, si tibi optima fide sua omnia concessit, adnumeravit, appendit, si vestitum quo ipse tectus erat anulumque de digito suum tibi tradidit, si ex omnibus rebus se ipsum nudum neque praeterea quicquam excepit, ut sibi per te liceat innocenti amicorum opibus vitam in egestate degere. 50 (145) Praedia mea tu possides, ego aliena misericordia vivo; concedo, et quod animus aequus est et quia necesse est. Mea domus tibi patet, mihi clausa est; fero. Familia mea maxima tu uteris, ego servum habeo nullum; patior et ferendum puto. Quid vis amplius? quid insequeris, quid oppugnas? qua in re tuam voluntatem laedi a me putas? ubi tuis commodis officio? quid tibi obsto? Si spoliorum causa vis hominem occidere, spoliasti; quid quaeris amplius? si inimicitiarum, quae sunt tibi inimicitiae cum eo cuius ante praedia possedisti quam ipsum cognosti? si metus, ab eone aliquid metuis quem vides ipsum ab se tam atrocem iniuriam propulsare non posse? sin, *quod* bona quae Rosci fuerunt tua facta sunt, idcirco hunc illius filium studes perdere, nonne ostendis id te vereri quod praeter ceteros tu metuere non debeas ne quando liberis proscriptorum bona patria reddantur?

(146) Facis iniuriam, Chrysogone, si maiorem spem emptionis tuae in huius exitio ponis quam in eis rebus quas L. Sulla gessit. Quod si tibi causa nulla est cur hunc miserum tanta calamitate adfici velis, si tibi omnia sua

wenn er dir nach bestem Wissen sein ganzes Eigentum abgetreten, zugezählt und zugewogen hat, wenn er dir die Kleidung, die er selbst am Körper trug, und den Ring von seinem Finger übergeben hat, wenn er von aller seiner Habe nur sein nacktes Leben und sonst nichts sich ausbedungen hat, dann mögest du ihm erlauben, als Unschuldiger mit der Unterstützung seiner Freunde sein Leben in Armut zu fristen. 50 (145) Meine Güter besitzest du; ich lebe von fremdem Mitleid: ich füge mich darein, weil ich gelassen bin und weil es unvermeidlich ist. Mein Haus steht dir offen, mir ist es verschlossen: ich ertrage es. Über mein zahlreiches Gesinde gebietest du; ich habe keinen einzigen Sklaven: ich finde mich damit ab und glaube, es ertragen zu müssen. Was willst du noch mehr? Warum verfolgst du mich, warum greifst du mich an? Worin, glaubst du, durchkreuze ich deine Ansichten? Wo arbeite ich deinen Vorteilen entgegen? Weshalb stehe ich dir im Wege? Wenn du um der Beute willen einen Menschen töten willst: du hast die Beute bereits an dich gebracht; was wünschst du mehr? Wenn aus Feindschaft: was für eine Feindschaft empfindest du gegen den, dessen Güter du eher besaßest, als du ihn selbst kanntest? Wenn aus Furcht: du fürchtest etwas von dem, der, wie du siehst, nicht fähig ist, mit eigener Kraft ein so schreiendes Unrecht von sich abzuwehren? Wenn du aber deshalb, weil der Besitz, der Roscius gehörte, dein Eigentum geworden ist, diesen seinen Sohn zu vernichten trachtest, zeigst du dann nicht Angst vor etwas, das du weniger als andere zu fürchten brauchst:[55] daß den Kindern der Geächteten einmal der väterliche Besitz zurückgegeben wird?

(146) Du tust Unrecht, Chrysogonus, wenn du annimmst, du habest durch die Vernichtung dieses Mannes bessere Aussichten, deinen Kauf zu behalten, als durch die Taten, die L. Sulla vollbracht hat. Wenn du aber sonst gar keinen Grund hast, weshalb du wünschen könntest, diesen Armen in ein solches Unglück zu stürzen, wenn er

praeter animam tradidit nec sibi quicquam paternum ne monumenti quidem causa reservavit, per deos immortalis! quae ista tanta crudelitas est, quae tam fera immanisque natura? Quis umquam praedo fuit tam nefarius, quis pirata tam barbarus ut, cum integram praedam sine sanguine habere posset, cruenta spolia detrahere mallet? (147) Scis hunc nihil habere, nihil audere, nihil posse, nihil umquam contra rem tuam cogitasse, et tamen oppugnas eum quem neque metuere potes neque odisse debes nec quicquam iam habere reliqui vides quod ei detrahere possis. Nisi hoc indignum putas, quod vestitum sedere in iudicio vides quem tu e patrimonio tamquam e naufragio nudum expulisti. Quasi vero nescias hunc et ali et vestiri a Caecilia Baliarici filia, Nepotis sorore, spectatissima femina, quae cum patrem clarissimum, amplissimos patruos, ornatissimum fratrem haberet, tamen, cum esset mulier, virtute perfecit ut, quanto honore ipsa ex illorum dignitate adficeretur, non minora illis ornamenta ex sua laude redderet.

51 (148) An, quod diligenter defenditur, id tibi indignum facinus videtur? Mihi crede, si pro patris huius hospitiis et gratia vellent omnes huic hospites adesse et auderent libere defendere, satis copiose defenderetur; sin autem pro magnitudine iniuriae proque eo quod summa res publica in huius periculo temptatur haec omnes vindi-

dir außer seinem Leben sein ganzes Eigentum übergab und sich nicht einmal als Andenken etwas vom väterlichen Besitz aufhob – bei den unsterblichen Göttern! – was ist das für eine schreckliche Grausamkeit, was für ein bestialischer und roher Charakter? Welcher Straßenräuber war je so brutal, welcher Seeräuber so gemein, daß er, wenn er den Raub ungeschmälert ohne Blutvergießen haben konnte, lieber eine blutige Beute entrissen hätte? (147) Du weißt, daß dieser Mann nichts hat, nichts wagt, nichts vermag, niemals etwas gegen dein Interesse im Sinn gehabt hat, und dennoch greifst du ihn an, den du weder zu fürchten brauchst noch hassen mußt und dem nichts mehr übriggeblieben ist, wie du siehst, das du ihm entreißen könntest. Es sei denn, du hältst es für empörend, daß du ihn bekleidet im Gericht sitzen siehst, da du ihn doch nackt wie bei einem Schiffbruch von seinem väterlichen Besitz vertrieben hast. Als ob du nicht wüßtest, daß er Unterhalt und Kleidung von Caecilia erhält, der Tochter des Baliaricus und Schwester des Nepos, einer ganz vortrefflichen Frau, die, obwohl sie einen hochberühmten Vater, sehr angesehene Onkel[56] und einen mit allen Vorzügen ausgestatteten Bruder hat, es gleichwohl, wenn sie auch nur eine Frau ist, durch ihre Mannhaftigkeit erreicht hat, daß sie, soviel Ehre sie selbst aus der angesehenen Stellung ihrer Verwandten erhielt, diesen keine geringere Auszeichnung durch ihr eigenes Verdienst zukommen ließ.

51 (148) Oder scheint es dir eine empörende Maßnahme, daß er umsichtig verteidigt wird? Glaube mir, wenn alle Gastfreunde ihm zur Seite stehen wollten und ihn freimütig zu verteidigen wagten, wie es den freundschaftlichen Beziehungen und dem Ansehen seines Vaters entspräche, dann würde er von einer hinreichend großen Zahl von Leuten verteidigt; wenn sie aber alle für diese unsere Sache eintreten würden, wie es der Größe des Unrechts und dem Umstande entspräche, daß durch die Anklage dieses Mannes hier ein wichtiges Staatsinteresse

carent, consistere me hercule vobis isto in loco non liceret. Nunc ita defenditur, non sane ut moleste ferre adversarii debeant neque ut se potentia superari putent. (149) Quae domi gerenda sunt, ea per Caeciliam transiguntur, fori iudicique rationem *M.* Messala, ut videtis, iudices, suscepit; qui, si iam satis aetatis ac roboris haberet, ipse pro Sex. Roscio diceret. Quoniam ad dicendum impedimento est aetas et pudor qui ornat aetatem causam mihi tradidit quem sua causa cupere ac debere intellegebat, ipse adsiduitate, consilio, auctoritate, diligentia perfecit ut Sex. Rosci vita erepta de manibus sectorum sententiis iudicum permitteretur. Nimirum, iudices, pro hac nobilitate pars maxima civitatis in armis fuit; haec acta res est ut ei nobiles restituerentur in civitatem qui hoc facerent quod facere Messalam videtis, qui caput innocentis defenderent, qui iniuriae resisterent, qui quantum possent in salute alterius quam in exitio mallent ostendere; quod si omnes qui eodem loco nati sunt facerent, et res publica ex illis et ipsi ex invidia minus laborarent.

52 (150) Verum si a Chrysogono, iudices, non impetramus ut pecunia nostra contentus sit, vitam ne petat, si ille adduci non potest ut, cum ademerit nobis omnia quae nostra erant propria, ne lucem quoque hanc quae communis est eripere cupiat, si non satis habet avaritiam suam pecunia explere, nisi etiam crudelitati sanguis prae-

bedroht wird, dann wäre es euch, beim Herkules, nicht erlaubt, auf diesem Platz da zu bleiben. Jetzt aber wird er so verteidigt, daß die Gegner sich wahrhaftig nicht gekränkt zu fühlen brauchen noch glauben können, sie würden durch die Übermacht überwunden. (149) Die häuslichen Angelegenheiten werden durch Caecilia geregelt; den Bereich des Forums und des Gerichtes hat, wie ihr seht, ihr Richter, M. Messala übernommen: wenn er schon alt und kräftig genug wäre, würde er selbst für Sextus Roscius sprechen. Da ihn jedoch sein Alter und die Schüchternheit, die seinem Alter wohl ansteht, am Sprechen hindern, hat er mir die Verteidigung übertragen, da er wußte, daß ich seinetwegen dazu geneigt und verpflichtet sei. Er selbst hat durch seine Beharrlichkeit und Klugheit, durch sein Ansehen und seine Umsicht erreicht, daß das Leben des Sextus Roscius den Händen der Aufkäufer entrissen und dem Urteilsspruch der Richter überlassen wurde. Es besteht kein Zweifel, ihr Richter: für einen Adel dieser Art stand der größte Teil der Bürgerschaft unter den Waffen; es ging darum, diejenigen Adligen wieder in ihre bürgerlichen Rechte einzusetzen, die das tun würden, was ihr Messala tun seht, die das Haupt eines Unschuldigen verteidigen, die sich dem Unrecht widersetzen, die ihre Macht lieber durch die Rettung als durch die Vernichtung eines anderen beweisen wollen. Wenn alle, die von gleicher Herkunft sind, sich so verhielten, dann würde der Staat weniger unter ihnen und sie selbst weniger unter Mißgunst zu leiden haben.

52 (150) Indes, wenn wir von Chrysogonus nicht erreichen können, ihr Richter, daß er mit unserem Geld zufrieden ist und sich nicht an unserem Leben vergreift, wenn er sich nicht dahin bringen läßt, uns nicht auch noch dieses allen gemeinsame Licht entreißen zu wollen, nachdem er uns alles, was unser eigen war, genommen hat, wenn er sich nicht damit begnügt, seine Habgier mit Geld zu sättigen, er vielmehr noch seiner Grausamkeit

bitus sit, unum perfugium, iudices, una spes reliqua est Sex. Roscio eadem quae rei publicae, vestra pristina bonitas et misericordia. Quae si manet, salvi etiam nunc esse possumus; sin ea crudelitas quae hoc tempore in re publica versata est vestros quoque animos – id quod fieri profecto non potest – duriores acerbioresque reddit, actum est, iudices; inter feras satius est aetatem degere quam in hac tanta immanitate versari. (151) Ad eamne rem vos reservati estis, ad eamne rem delecti ut eos condemnaretis quos sectores ac sicarii iugulare non potuissent? Solent hoc boni imperatores facere cum proelium committunt, ut in eo loco quo fugam hostium fore arbitrentur milites conlocent, in quos si qui ex acie fugerint de improviso incidant. Nimirum similiter arbitrantur isti bonorum emptores vos hic, talis viros, sedere qui excipiatis eos qui de suis manibus effugerint. Di prohibeant, iudices, ne hoc quod maiores consilium publicum vocari voluerunt praesidium sectorum existimetur! (152) An vero, iudices, vos non intellegitis nihil aliud agi nisi ut proscriptorum liberi quavis ratione tollantur, et eius rei initium in vestro iure iurando atque in Sex. Rosci periculo quaeri? Dubium est ad quem maleficium pertineat, cum videatis ex altera parte sectorem, inimicum, sicarium eundemque accusatorem hoc tempore, ex altera parte egentem, probatum suis filium, in quo non modo culpa nulla sed ne suspicio quidem potuit consistere? Numquid hic aliud videtis obstare Roscio nisi quod patris bona venierunt?

53 (153) Quod si id vos suscipitis et eam ad rem ope-

Blut spenden muß, dann bleibt für Sextus Roscius nur *eine* Zuflucht übrig, ihr Richter, nur *eine* Hoffnung, dieselbe, wie für den Staat: eure frühere Güte und Barmherzigkeit. Denn wenn diese weiter besteht, dann können wir auch jetzt noch gerettet werden. Wenn aber die Grausamkeit, die gerade jetzt im Staate sich ausgetobt hat, auch eure Herzen verhärtet und verbittert (was bestimmt nicht der Fall ist), dann ist es aus, ihr Richter; dann wäre es besser, sein Leben unter wilden Tieren zu verbringen, als inmitten dieser schrecklichen Roheit sich zu bewegen. (151) Seid ihr dazu aufgespart, dazu ausgewählt, die zu verurteilen, die Aufkäufer und Mörder nicht haben umbringen können? So pflegen es gute Feldherrn zu machen: wenn sie die Schlacht beginnen, stellen sie an dem Ort, dem sich vermutlich die Flucht der Feinde zuwenden wird, Soldaten auf, damit ihnen die, die aus der Schlacht geflohen sind, unversehens in die Hände fallen. Kein Zweifel: in ähnlicher Weise glauben diese Güteraufkäufer, daß ihr, so vortreffliche Männer, hier sitzt, um die, die ihren Händen entflohen sind, aufzufangen. Die Götter mögen verhindern, ihr Richter, daß dieses Gericht, das nach dem Willen unserer Vorfahren als staatliches Kollegium[57] bezeichnet wird, als Schutztruppe der Aufkäufer gelte! (152) Erkennt ihr etwa nicht, ihr Richter, daß es um nichts anderes geht, als daß die Kinder der Geächteten auf irgendeine Weise beseitigt werden, und daß man den Anfang davon mit eurem Eid und dem Prozeß gegen Sextus Roscius zu machen sucht? Ist denn zweifelhaft, auf wessen Konto die Untat kommt, da ihr auf der einen Seite einen Aufkäufer, Feind, Mörder und jetzt zugleich auch Ankläger seht, auf der anderen Seite aber einen mittellosen, von seinen Angehörigen geschätzten Sohn, an dem nicht nur nicht keine Schuld, sondern nicht einmal ein Verdacht haften konnte? Seht ihr etwa, daß dem Roscius hier etwas anderes im Wege steht, als daß der Besitz seines Vaters verkauft wurde?

53 (153) Wenn ihr aber *die* Aufgabe übernehmt und

ram vestram profitemini, si idcirco sedetis ut ad vos adducantur eorum liberi quorum bona venierunt, cavete, per deos immortalis! iudices, ne nova et multo crudelior per vos proscriptio instaurata esse videatur. Illam priorem quae facta est in eos qui arma capere potuerunt tamen senatus suscipere noluit, ne quid acrius quam more maiorum comparatum *est* publico consilio factum videretur, hanc vero quae ad eorum liberos atque ad infantium puerorum incunabula pertinet nisi hoc iudicio a vobis reicitis et aspernamini, videte, per deos immortalis! quem in locum rem publicam perventuram putetis!

(154) Homines sapientes et ista auctoritate et potestate praeditos qua vos estis ex quibus rebus maxime res publica laborat, eis maxime mederi convenit. Vestrum nemo est quin intellegat populum Romanum qui quondam in hostis lenissimus existimabatur hoc tempore domestica crudelitate laborare. Hanc tollite ex civitate, iudices, hanc pati nolite diutius in hac re publica versari; quae non modo id habet in se mali quod tot civis atrocissime sustulit verum etiam hominibus lenissimis ademit misericordiam consuetudine incommodorum. Nam cum omnibus horis aliquid atrociter fieri videmus aut audimus, etiam qui natura mitissimi sumus adsiduitate molestiarum sensum omnem humanitatis ex animis amittimus.

dazu eure Mitwirkung in Aussicht stellt, wenn ihr deshalb hier sitzt, daß die Kinder derer euch vorgeführt werden, deren Besitz verkauft wurde, dann seht euch vor – bei den unsterblichen Göttern! –, daß nicht der Eindruck entsteht, ihr Richter, daß man durch euch eine neue und viel grausamere Ächtung in Gang gebracht hat. Jene frühere, die sich gegen Männer richtete, die immerhin fähig waren, zu den Waffen zu greifen, wollte der Senat dennoch nicht verantworten, damit nicht der Eindruck entstehe, daß durch einen staatlichen Beschluß schärfere Maßnahmen getroffen seien, als durch die Sitte der Vorfahren vorgesehen ist, diese Ächtung aber, die Kinder der früher Geächteten und Säuglinge in Windeln trifft – wenn ihr sie nicht durch diesen Prozeß von euch weist und ablehnt, so überlegt – bei den unsterblichen Göttern! –, wohin es vermutlich mit dem Staate kommen wird!

(154) Kluge Männer, die so viel Ansehen und Macht besitzen wie ihr, haben in erster Linie die Verpflichtung, den Mißständen abzuhelfen, an denen der Staat am meisten leidet. Jeder von euch weiß, daß das römische Volk, das einst in dem Ruf stand, besonders milde gegen seine Feinde zu sein, jetzt an Grausamkeit gegen seine eigenen Bürger krankt. Diese Grausamkeit beseitigt aus der Bürgerschaft, ihr Richter, duldet nicht, daß diese sich länger in diesem Staate austobt! Denn sie hat nicht nur das Übel an sich, daß sie so viele Bürger in gräßlichster Weise beseitigt hat, sondern daß sie auch den mildesten Menschen das Mitgefühl genommen hat, da man sich an die Scheußlichkeiten gewöhnte. Denn wenn wir zu jeder Stunde sehen und hören, daß etwas Gräßliches geschieht, dann verlieren unsere Herzen, auch wenn wir die sanftesten Wesen sind, wegen der ständigen Wiederholung der niederdrückenden Vorgänge jegliches Gefühl für Menschlichkeit.

Anmerkungen

Der lateinische Text folgt mit einigen Änderungen der Ausgabe von A. C. Clark, M. Tulli Ciceronis Orationes, Bd. 1, Oxford 1905 [repr. 1908]. Emendationen des Herausgebers sind durch Kursive gekennzeichnet.

1 Cicero bekleidete erst fünf Jahre nach dieser Rede im Jahre 75 v. Chr. die Quaestur, das erste Staatsamt.

2 Sulla hatte im Jahre 81 v. Chr. durch Volksabstimmung die Zahl der Senatoren durch 300 Ritter ergänzt.

3 Ameria (heute Amelia) in Umbrien, 83 km nördlich von Rom gelegen.

4 Die bildlich gemeinten Ausdrücke »Gladiator, Siege, Lehre (eigentlich Fechtmeister), Anfänger« weisen darauf hin, daß Capito schon viele Morde begangen hat, während Magnus ihn erst durch das jüngste Mordgefecht, die Ermordung des älteren Roscius, übertroffen hat. Siehe auch 30,84; 35,100; 40,118.

5 In der Nähe des Circus Flaminius.

6 Eine römische Meile: 1,480 km.

7 Heute Volterra, Stadt in Etrurien, die noch von Marianern verteidigt wurde.

8 Sulla hatte den Beinamen »Felix«.

9 Die römischen Hausgötter.

10 Der Gemeinderat einer italischen Stadt *(municipium)*, der in der Regel aus hundert Mitgliedern *(decuriones)* bestand, war in zehn Dekurien eingeteilt, deren Vorsteher *decem primi* hießen.

11 Die Strafe des Verwandtenmordes, die Cicero in Abschnitt 25,70 mit lebhaften Farben schildert und symbolisch deutet.

12 Fimbria war einer der übelsten Anhänger des Marius. Marius starb im Jahre 86 v. Chr. Qu. Mucius Scaevola, Pontifex Maximus und berühmter Jurist, war der Lehrer Ciceros. Er wurde als Anhänger der aristokratischen Partei 82 v. Chr.

von den Anhängern des Marius ermordet, als Sulla auf Rom marschierte.

[13] Aus einer Komödie des Dichters Statius Caecilius (gest. 168 v. Chr.), dessen Stücke nicht erhalten sind.

[14] Die römische Bürgerschaft war in 35 Tribus (Verwaltungs- und Wahlbezirke) eingeteilt.

[15] Stadt in Etrurien, etwa 15 km nördlich von Rom.

[16] Die Abgesandten teilten ihm mit, daß er zum Konsul gewählt sei (257 v. Chr.). Er erhielt den Beinamen »Serranus« (Sämann).

[17] Das Remmische Gesetz schützte den Angeklagten gegen wissentlich falsche Anklage. Siehe 20,57.

[18] Weil sie durch ihr Geschnatter angeblich bei einem nächtlichen Überfall der Gallier das Kapitol gerettet hatten (387 v. Chr.).

[19] Wenn vom Gericht festgestellt wurde, daß jemand bewußt eine falsche Anklage erhoben hatte, wurde ihm der Buchstabe K auf die Stirn gebrannt (*calumniator*, »Verleumder«). K ist auch Abkürzung für Kalendae, den Monatsersten.

[20] Eine Küstenstadt in Latium, etwa 100 km südlich von Rom.

[21] Alkmeon und Orest, die den Römern aus den Tragödien des Ennius und anderer bekannt waren. Alkmeon erhielt den Befehl, die Mutter zu töten, von seinem Vater, Orest vom Delphischen Orakel des Apollo. Die Furien (Erinnyen) verfolgten beide nach der Tat.

[22] Siehe 11,30.

[23] D. h. zur Folterung. Es war nicht erlaubt, einen Sklaven zur Aussage gegen seinen Herrn zu zwingen, doch konnte der Herr eine Befragung erlauben. Siehe 41,119.

[24] Das Wortspiel, das Cicero hier mit *sectores* macht, ist schwer zu übersetzen. *Sector* ist der amtliche Aufkäufer der vom Staate beschlagnahmten Vermögen, der diese mit Gewinn weiterzuverkaufen pflegte. Cicero leitet das Wort von *secare*, »schneiden«, ab und spricht von *sectores collorum* (Zerschneider von Hälsen) und *sectores bonorum* (Zerschneider von Gütern).

[25] D. h. über Unterschlagung von Staatseigentum. Der Anklä

ger hatte offenbar behauptet, Roscius habe von dem konfiszierten Vermögen etwas beiseite geschafft.

26 Anspielung auf die Morde, die der »Gladiator« Capito begangen habe. Siehe 6,17.

27 L. Cassius Longinus, Konsul des Jahres 127 v. Chr., war ein außerordentlich strenger Richter.

28 »Die Schlacht von Cannae« ist ein sprichwörtlicher Ausdruck für blutiges Morden, hier für die Proskriptionen, denen auch die zum Opfer gefallen waren, die sich während der Herrschaft der Marianer als Ankläger betätigt hatten.

29 Am Trasimenischen See erlitten die Römer 217 v. Chr. eine schwere Niederlage durch Hannibal. Am Servilischen Bekken, einem künstlichen Bassin in der Nähe der Basilica Julia auf dem Forum, wurden die Köpfe der ermordeten Proskribierten ausgestellt.

30 Zitat aus einer Tragödie des Ennius.

31 Unbekannte Ankläger. Antistius, »der greise Priamus«, war offenbar wegen wissentlich falscher Anklage verurteilt worden.

32 D. h., sie mißbrauchten die Proskriptionen für ihre Privatinteressen, etwa um ihre Feinde oder Gläubiger zu beseitigen.

33 Wagenlenker des Achill, hier übertragen auf Glaucia. Siehe 7,19.

34 Ein mit Bändern geschmückter Palmzweig *(palma lemniscata)* galt als besondere Auszeichnung des erfolgreichen Gladiators. Capito hat sich diese Auszeichnung durch die Ermordung des Roscius in Rom verdient. Der gewöhnliche Schauplatz seiner Mordtaten war Ameria und Umgebung.

35 »Einen Sechzigjährigen von der Brücke werfen« *(sexagenarium de ponte deicere)* ist eine sprichwörtliche Redensart, deren Sinn dunkel ist. Eine Erklärung, der Cicero hier folgt, besagt, daß in alter Zeit wirklich alljährlich ein Sechzigjähriger geopfert wurde, indem man ihn vom *pons sublicius* in den Tiber stürzte.

36 An Magnus gerichtet, der offenbar Miene gemacht hatte, Cicero zu unterbrechen.

[37] In beiden Fällen war mit der Verurteilung der Verlust der Ehre *(infamia)* verbunden.

[38] Auch den, der wegen Verletzung eines Gesellschaftsvertrages verurteilt wurde, traf die *infamia.* Siehe 38,111.

[39] D. h., Chrysogonus hat sie sich aus den Dienerschaften der Proskribierten ausgesucht. Siehe 46,133f.

[40] Anspielung auf die Etymologie des Namens Chrysogonus (griech. »Goldgeborener«) und die Reichtümer, die dieser sich in der Zeit der Proskriptionen erworben hatte.

[41] D. h. ein von L. Valerius Flaccus oder von Sulla selbst eingebrachtes Gesetz. L. Valerius Flaccus hatte im Jahre 82 v. Chr. durch ein von ihm beantragtes Gesetz Sulla die unumschränkte Gewalt »zur Abfassung von Gesetzen und zur Ordnung des Gemeinwesens« unter dem Namen einer Diktatur übertragen. Sulla erließ als Diktator eine *lex Cornelia de proscriptione* (ein Gesetz über die Ächtung), das sich eng an die Bestimmungen der *lex Valeria* anschloß, weshalb Cicero nicht zu wissen vorgibt, ob es sich um ein Valerisches oder Cornelisches Gesetz handelt.

[42] Nach den alten Gesetzen durfte ein Ehebrecher, ein nächtlicher Dieb, ein von Staats und Religion wegen Verfemter ungestraft getötet werden; seine Güter wurden konfisziert. Die neuen Gesetze, d. h. die Bestimmungen des Proskriptionsgesetzes, gestatteten Sulla, auch seine politischen Gegner zu töten.

[43] Siehe 8,21.

[44] Cicero kam vermutlich an der jetzt fehlenden Stelle (132) darauf zu sprechen.

[45] Es folgt eine Lücke in der handschriftlichen Überlieferung. Nur wenige Bruchstücke mit Anmerkungen sind bei Scholiasta Gronovianus, einem anonymen Cicero-Erklärer, erhalten.

[46] Siehe 7,18.

[47] Landschaften am Golf von Tarent.

[48] Das vornehmste Wohnviertel des alten Rom.

[49] Bei den Römern begehrte Luxusartikel. *Authepsa* (griech. eigentlich »Selbstkocher«). Das Feuer war unsichtbar, so daß man glaubte, das Wasser koche von selbst.

[50] *Togatorum* (eigentlich »von Togaträgern«) statt *civium* mit Bitterkeit gesagt, weil diese Leute das Ehrenkleid des römischen Bürgers beschmutzten.

[51] Sulla stellte schon während seiner Diktatur z. T. die verfassungsmäßige Ordnung wieder her.

[52] Seit G. Gracchus (122 v. Chr.) übte der Ritterstand zum Ärger der Senatoren das Richteramt aus. Sulla nahm ihm dieses, da die Ritter zum größten Teil auf seiten des Marius gestanden hatten, und gab es den Senatoren zurück.

[53] Gemeint ist Chrysogonus, der ursprünglich Sklave war.

[54] Siehe 44,129.

[55] Als Günstling Sullas.

[56] L. Metellus Diadematus (Konsul 117 v. Chr.), M. Metellus (Konsul 115 v. Chr.) und C. Metellus Caprarius (Konsul 113 v. Chr.). Siehe 10,27.

[57] Als *publicum consilium* wird eigentlich der Senat bezeichnet.

Literaturhinweise

Textausgaben

A. C. Clark: M. Tulli Ciceronis Orationes. Bd. 1. Oxford 1905 [repr. 1908].

M. Fuhrmann: M. Tullius Cicero. Sämtliche Reden. Eingeleitet, übersetzt und erläutert. Bd. 1. Zürich 1970.

K. Halm u. W. Sternkopf: Ciceros ausgewählte Reden. Bd. 1. Berlin ^{12}1910 [mit Kommentar].

H. Kasten: M. Tullius Cicero. Oratio pro Sex. Roscio Amerino. Leipzig 1968.

F. Richter u. G. Ammon: Ciceros Rede für Sex. Roscius. Leipzig ^{4}1906 [mit Kommentar].

M. Tullio: M. Tullione Cicerone. Le orazioni Per P. Quinzio – Per S. Roscio Amerino u. a. Hrsg. von Aranzio, Ruiz u. a. Mailand 1964 [mit italienischer Übersetzung].

Sekundärliteratur

M. von Albrecht: M. Tullius Cicero, Sprache und Stil. In: Paulys Realencyclopaedie der classischen Altertumswissenschaft. Suppl. 13, Stuttgart 1973. Sp. 1238–1347.

K. Büchner: Cicero. Heidelberg 1963.

M. L. Clarke: Die Rhetorik bei den Römern. Göttingen 1968.

M. Fuhrmann: Cicero. München 1989.

M. Gelzer: M. Tullius Cicero als Politiker. In: Paulys Realencyclopaedie der classischen Altertumswisschaft. Bd. 7 A 1, Stuttgart 1939. Sp. 827–1091 [auch als Sonderdruck erschienen].

M. Gelzer: Cicero, Wiesbaden 1969.

Chr. Habicht: Cicero, der Politiker. München 1990.

R. Heinze: Ciceros politische Anfänge. Leipzig 1909. (Abh. d. Akad. Leipzig, phil.-hist. Kl. 27.) S. 947 ff. [Auch in: R. H., Vom Geist des Römertums. Darmstadt ^{3}1960. S. 87 ff.]

C. Heupel: Das Wort als Waffe: Die politische Rede bei den Römern. In: Der altsprachliche Unterricht 18, 4. S. 29–40.

T. E. Kinsly: The Dates of the Pro Roscio Amerino and Pro Quinctio. In: Mnemosyne 20 (1967). S. 61–67.
W. Kroll: Die Kultur der ciceronischen Zeit. Leipzig 1933 [Nachdruck Darmstadt 1963].
G. Landgraf: Kommentar zu Ciceros Rede Pro Sex. Roscio Amerino. Leipzig u. Berlin ²1914 [Nachdruck Hildesheim 1966].
E. Norden: Die antike Kunstprosa. 2 Bde. Leipzig ⁴1923 [Nachdruck Darmstadt 1958].
O. Plasberg: Cicero in seinen Werken und Briefen, Leipzig 1926 [Nachdruck Darmstadt 1962].
D. Stockton: Cicero. Oxford 1971.
H. Volkmann: Sullas Marsch auf Rom. München 1958.

Nachwort

Mit der Rede für Sextus Roscius aus Ameria trat Cicero im Alter von 26 Jahren zum ersten Mal als Verteidiger in einem Kriminalprozeß *(causa publica)* auf; die Rede wurde im Jahre 80 v. Chr. verfaßt und wirklich so gehalten. Sie ist ein Spiegelbild der sullanischen Restauration. Im Jahre 82 v. Chr. hatte sich Sulla zum Diktator ernennen lassen mit der Befugnis, Gesetze zu geben und den Staat zu ordnen *(dictator legibus scribundis et rei publicae constituendae)*. Dazu gehörte auch eine Neuordnung des Gerichtswesens.

Ursprünglich übte das Volk in den Komitien die Gerichtsbarkeit über schwere Vergehen aus. Infolge der Schwerfälligkeit und Umständlichkeit dieses Verfahrens wurden im 2. Jahrhundert v. Chr. besondere Untersuchungskommissionen eingesetzt; daraus gingen seit 149 v. Chr. ständige Gerichtshöfe *(quaestiones perpetuae)* für bestimmte Straftaten (Erpressung, Amtserschleichung, Diebstahl, Mord usw.) hervor. Vorsitzender Richter war ein *praetor* oder ein besonders dazu ernannter *iudex quaestionis*. Diese Gerichtshöfe nahmen ihre Tätigkeit nur dann auf, wenn ein römischer Bürger Anzeige erstattete *(nomen deferre; nominis delatio)*. Wurde die Anzeige angenommen, mußte der Anzeigende als Ankläger *(accusator)* auftreten. Diese Gerichtshöfe blieben vom politischen Streit nicht verschont. Ursprünglich sprachen nur Senatoren in ihnen Recht; G. Sempronius Gracchus übertrug die Richterstellen ausschließlich den Rittern (122 v. Chr.), um sie im politischen Kampf gegen die Senatoren auszuspielen; Sulla machte diese Maßnahme rückgängig und setzte die Senatoren wieder in ihre alten Rechte ein.

Den Hintergrund der Rede bildet eines der dunkelsten Kapitel der römischen Geschichte. Sulla hatte nach seinem Sieg am Collinischen Tor (im Nordosten Roms) am

1. November 82 v. Chr. die Anhänger seiner politischen Gegner Marius und Cinna für vogelfrei erklärt. Die Namen der Geächteten wurden auf weiße Tafeln geschrieben (daher *proscribere, proscriptio)*, die öffentlich ausgestellt wurden. Jeder Bürger hatte alles zu tun, die Geächteten zu ergreifen, insbesondere den Behörden ihren Aufenthaltsort anzuzeigen. Für den Kopf eines Geächteten wurden 12 000 Denare bezahlt. Sklaven erhielten neben der Belohnung für die Auslieferung ihrer Herren die Freiheit. Die Söhne und Enkel der Proskribierten verloren das Recht, sich um ein politisches Amt zu bewerben; ihr Vermögen fiel an den Staat und wurde auf dem Forum versteigert; für die gewerblichen Aufkäufer *(sectores)* waren das goldene Zeiten.

Wie sich die sullanischen Proskriptionen mißbrauchen ließen, wird deutlich aus Ciceros Rede. Sextus Roscius, der Vater des gleichnamigen Angeklagten, war ein angesehener und reicher Bürger von Ameria, einer Stadt in Umbrien. Er besaß neben einem stattlichen Vermögen dreizehn Landgüter, deren Bewirtschaftung er seinem etwa vierzigjährigen Sohn überlassen hatte, während er selbst in Rom lebte. Dort wurde der Vater Roscius einige Monate nach dem gesetzlichen Termin für das Ende der Proskriptionen und der Vermögensbeschlagnahme (1. Juni 81 v. Chr.), als er von einer Einladung heimkehrte, bei den pallacinischen Bädern am Circus Flaminius abends ermordet. Zwei nahe Verwandte von ihm, Titus Roscius Capito und Titus Roscius Magnus, mit denen er wegen Vermögensstreitigkeiten verfeindet war, benachrichtigten den Freigelassenen L. Cornelius Chrysogonus, einen Günstling Sullas, von dem Vorfall. Auf dessen Veranlassung wurde der Name des Ermordeten, obwohl er immer die Sache Sullas vertreten hatte, nachträglich auf die Proskriptionsliste gesetzt; das stattliche Vermögen und die dreizehn Güter wurden konfisziert und verkauft. Als amtlicher Käufer *(sector)*, gegen den niemand zu bieten wagte, trat bei der Versteigerung Chrysogonus auf; er

erwarb das Vermögen und die Güter für einen Spottpreis: die Güter, deren Wert auf sechs Millionen Sesterzen veranschlagt wurde, eignete er sich für 2000 Sesterzen an. Seine Helfer, die beiden Roscier, belohnte er reichlich. So erhielt Capito drei Güter, Magnus wurde der Geschäftsführer des Chrysogonus. Vor den Nachstellungen seiner Feinde flüchtete der Sohn Roscius auf den Rat seiner Freunde und Verwandten von Ameria nach Rom in das Haus der Caecilia, einer hilfsbereiten Dame aus der angesehenen Familie der Meteller. Da Chrysogonus und seine Gehilfen um ihre Beute fürchteten, solange der Sohn noch lebte, kamen sie auf den Gedanken, den jungen Roscius des Vatermordes anzuklagen und auf diese Weise zu beseitigen. Als Ankläger gewannen sie C. Erucius, offenbar einen Mann zweifelhaften Charakters. Zwar stand die Anklage auf schwachen Füßen, aber man hoffte, daß niemand den Mut haben werde, den jungen Roscius zu verteidigen und die Machenschaften der Roscier und des Chrysogonus aufzudecken, da Sulla sich dadurch angegriffen fühlen konnte. Hierin täuschte man sich. Zwar wagte kein Anhänger des Adels, die Verteidigung zu übernehmen; aber man gewann Cicero als Anwalt, der sich schon in Zivilprozessen bewährt hatte.

Cicero stand vor keiner einfachen Aufgabe. Zwar war es nicht schwer, mit der offiziellen Anklage fertig zu werden: Erucius hatte es sich offensichtlich zu leicht gemacht (59f.). Die Anklage war außerdem nicht sehr stichhaltig. Der einzige Punkt, der sich gegen den Angeklagten ausschlachten ließ, war die Tatsache, daß der junge Roscius es versäumt hatte, die beiden Sklaven, die bei der Ermordung des Vaters zugegen waren, sofort einem Verhör zu unterziehen und das Ergebnis protokollarisch festzulegen. Als er es später nachholen wollte, war es nicht mehr möglich, da beide Sklaven im Gefolge des Chrysogonus waren. Gefährlich aber für Cicero war die Verquickung des Falles mit der Politik. Chrysogonus, der

hinter den Intrigen der Gegner stand, war ein Günstling Sullas; und man wußte nicht, wie dieser eine Bloßstellung seines Parteigängers aufnehmen werde. Cicero meisterte diese Schwierigkeit sehr geschickt: wiederholt (21; 25; 26; 91; 110; 130) betont er, daß der Diktator selbst von dem verbrecherischen Treiben nichts wisse. Sowenig wie Juppiter habe Sulla Zeit, sich um alles zu kümmern (131), auch ein »Felix« könne es nicht verhindern, einen Schuft unter seinen Sklaven oder Freigelassenen zu haben (22). Demselben Zweck dient der Appell an die Nobilität, sich ihrer wiedergewonnenen Stellung dadurch würdig zu erweisen, daß sie sich von solchen Leuten wie Chrysogonus distanziere und sich auf ihre guten Eigenschaften besinne (138ff.), und an die Richter, vor allem an den erfahrenen Praetor M. Fannius, den Vorsitzenden des Gerichtes, ein gerechtes, aber strenges Urteil zu fällen (11 u. a.) und damit Sullas Absicht, Gesetzgebung und Gerichtsbarkeit neu zu ordnen, ernst zu nehmen, zumal es seit längerer Zeit der erste ordentliche Mordprozeß *(quaestio inter sicarios)* sei und das Urteil Zeichen für die Zukunft der *res publica* setzen werde (154 u. a.).

Der Stoff ist auch in dieser Rede beinahe schulmäßig geordnet. Auf eine Einleitung *(exordium, prooemium* 1–14), die den Hörer einstimmen soll *(conciliare)*, folgt die Erzählung *(narratio* 15–29), deren Aufgabe es ist, den Tatbestand, um den es im Prozeß geht, möglichst schlicht und nüchtern darzustellen *(docere)*. An den dritten Teil der Rede *(partitio* 29–36), der eine Gliederung der Beweisführung bringt, schließt sich die Beweisführung *(argumentatio* 37–142) selbst an, der es vor allem darum geht, zu überzeugen *(probare)*. Sie gliedert sich in drei Teile: der erste Teil setzt sich mit Erucius auseinander (37–82), der zweite Teil mit den Rosciern (83–123) und der dritte Teil mit Chrysogonus (124–142). Den Abschluß bildet der Epilog *(peroratio* 143–154), der wichtige Punkte noch einmal aufnimmt und sich vor allem an die Gefühle der Hörer wendet *(movere)*.

Cicero wendet diese schematische Gliederung der Rhetorenschule aber nicht mechanisch an; er ist ein viel zu großer Redner, als daß er sich streng an ein Schema hielte. Für ihn ist wichtiger der Sachverhalt, die Situation des Redners und sein Publikum. So ist z. B. an mancher Stelle ein Exkurs *(egressio, digressio)* eingeschoben, wodurch auf das Gefühl der Zuhörer eingewirkt werden soll (13, 29–34, 55–57, 59–61, 64–65, 66–72). Gleich das *prooemium* ist ein gelungener Wurf: es bemüht sich, das Wohlwollen der Richter für die Person des jungen Anwalts zu gewinnen und hebt sofort für einen kurzen Augenblick durch die Nennung des Chrysogonus den Vorhang vor dem wahren Sachverhalt. Die *narratio* beschränkt sich nicht auf eine nüchterne Darlegung des Sachverhaltes, sondern läßt in geschickter Weise Motive anklingen, die später breiter ausgeführt werden: die beiden Roscier werden so geschildert, daß auf sie der eigentliche Verdacht fällt (vgl. 17–19, 23–24, 26, 28–29 mit dem zweiten Teil der *argumentatio* 83–123); Chrysogonus erscheint andeutungsweise als der eigentliche Drahtzieher des Ganzen (vgl. 21–23, 25–26, 28 mit dem dritten Teil der Beweisführung 124–142); die Erwähnung der politischen Haltung des Vaters Roscius (15f.) bringt ihn im dritten Teil der *argumentatio* auf ein Thema, das ihn sein ganzes Leben beschäftigt hat (136ff. die Verpflichtung wirklichen Adels, die Ablehnung jeglicher *dominatio,* die Wahrung einer echten *res publica).*

Der Stil und mancher Exkurs zeigen eine gewisse Überschwenglichkeit *(iuvenilis redundantia* – Orator 108), die durch eine anschließende Reise nach Griechenland (79–77 v. Chr.) gemildert wurde (Brutus 316). Von einer besonders überschäumenden Stelle (71f.) rückte er später ausdrücklich ab (Orator 107). Wie schon längst beobachtet, verwendet Cicero hier stärker als in den späteren Reden altlateinische, umgangssprachliche Ausdrücke und Phrasen (z. B. *quem honoris causa nomino),* über die er später spöttelt (Philippica II 30f.). Griechi-

sche Fremdwörter meidet er außer dem ironisch gebrauchten *authepsa* (Selbstkocher 133).

Ciceros Rede war ein Erfolg; der Angeklagte wurde freigesprochen (Schol. Gronovianus 301: *Sex. Roscius adulescens parricidii accusatus est ... et absolutus;* Plutarch, Cicero 3,6). Ciceros Mut, in einer gefährlichen Zeit die Dinge beim rechten Namen zu nennen und einem durch die politischen Verhältnisse Bedrohten (»wie ich sonst oft und als junger Mann gegen die Macht des herrschenden L. Sulla zum Schutze des Sextus Roscius aus Ameria getan habe« – De officiis 2,51) zu Hilfe zu kommen, blieb nicht unbelohnt. Er, der *homo novus,* wurde fortan zu den ersten Anwälten Roms gerechnet (Brutus 312).

Römische Literatur

IN RECLAMS UNIVERSAL-BIBLIOTHEK

Cicero

Cato maior de senectute / Cato der Ältere über das Alter. Lat./dt. 141 S. UB 803
De finibus bonorum et malorum / Über das höchste Gut und das größte Übel. Lat./dt. 543 S. UB 8593
De imperio Cn. Pompei ad Quirites oratio / Rede über den Oberbefehl des Cn. Pompeius. Lat./dt. 88 S. UB 9928
De natura deorum / Über das Wesen der Götter. Lat./dt. 480 S. UB 6881
De officiis / Vom pflichtgemäßen Handeln. Lat./dt. 455 S. UB 1889
De oratore / Über den Redner. Lat./dt. 653 S. UB 6884
De re publica / Vom Gemeinwesen. Lat./dt. 416 S. UB 9909
Drei Reden vor Caesar. Lat./dt. 143 S. UB 7907
Epistulae ad Atticum / Briefe an Atticus. Lat./dt. 279 S. UB 8786
Epistulae ad Quintum fratrem / Briefe an den Bruder Quintus. Lat./dt. 251 S. UB 7095
Laelius, Über die Freundschaft. 87 S. UB 868
Philippische Reden gegen M. Antonius. Erste u. zweite Rede. Lat./dt. 200 S. UB 2233
Pro M. Caelio oratio / Rede für M. Caelius. Lat./dt. 159 S. UB 1237
Pro A. Licinio Archia poeta oratio / Rede für den Dichter A. Licinius Archias. Lat./dt. 56 S. UB 1268
Pro P. Sestio oratio / Rede für P. Sestius. Lat./dt. 205 S. UB 6888
Rede für Sextus Roscius aus Ameria. Lat./dt. 148 S. UB 1148
Rede für Titus Annius Milo. Lat./dt. 160 S. UB 1170
Rede über den Oberbefehl des Cn. Pompeius. Rede für den Dichter A. Licinius Archias. 64 S. UB 8554
Reden gegen Verres I. Lat./dt. 130 S. UB 4013 – *II.* 168 S. UB 4014 – *III.* 208 S. UB 4015 – *IV.* 261 S. UB 4016 – *V.* 183 S. UB 4017 – *VI.* 200 S. UB 4018
Tusculanae disputationes / Gespräche in Tusculum. Lat./dt. 563 S. UB 5028
Über den Staat. 189 S. UB 7479
Über die Rechtlichkeit (De legibus). 150 S. UB 8319
Vier Reden gegen Catilina. 88 S. UB 1236 – Lat./dt. 149 S. UB 9399

Cicero zum Vergnügen. 184 S. UB 9652

Philipp Reclam jun. Stuttgart

Römische Literatur

IN RECLAMS UNIVERSAL-BIBLIOTHEK

Dichtung

Ausonius, *Mosella.* 111 S. UB 18027

Catull, *Gedichte.* 133 S. UB 6638 – *Sämtliche Gedichte.* Lat./dt. 246 S. UB 9395

Horaz, *Ars poetica / Die Dichtkunst.* Lat./dt. 70 S. UB 9421 – *Epistulae / Briefe.* Lat./dt. 70 S. UB 432 – *Gedichte.* 80 S. UB 7708 – *Oden und Epoden.* Lat./dt. 328 S. UB 9905 – *Sermones / Satiren.* Lat./dt. 232 S. UB 431 – *Sämtliche Gedichte.* Lat./dt. 828 S. Gebunden

Juvenal, *Satiren.* 253 S. UB 8598

Lukrez, *De rerum natura / Welt aus Atomen.* Lat./dt. 637 S. UB 4257

Martial, *Epigramme.* 166 S. UB 1611

Ovid, *Amores/Liebesgedichte.* Lat./dt. 263 S. UB 1361 – *Ars amatoria / Liebeskunst.* Lat./dt. 232 S. UB 357 – *Heroides / Briefe der Heroinen.* Lat./dt. 430 S. UB 1359 – *Metamorphosen.* Epos in 15 Büchern. 792 S. UB 356 – *Metamorphosen.* Lat./dt. 997 S. UB 1360 – *Verwandlungen.* Auswahl. 93 S. UB 7711

Phaedrus, *Liber Fabularum / Fabelbuch.* Lat./dt. 240 S. UB 1144

Plautus, *Amphitruo.* Lat./dt. 160 S. UB 9931 – *Aulularia / Goldtopfkomödie.* Lat./dt. 112 S. UB 9898 – *Menaechmi.* Lat./dt. 152 S. UB 7096 – *Miles gloriosus / Der ruhmreiche Hauptmann.* Lat./dt. 183 S. UB 8031

Properz, *Sämtliche Gedichte.* Lat./dt. 419 S. UB 1728

Römische Lyrik. Lat./dt. 514 S. UB 8995

Seneca, *Medea.* Lat./dt. 167 S. UB 8882 – *Oedipus.* Lat./dt. 141 S. UB 9717

Terenz, *Adelphoe / Die Brüder.* Lat./dt. 128 S. UB 9848 – *Der Eunuch.* 77 S. UB 1868 – *Phormio.* Lat./dt. 147 S. UB 1869

Tibull, *Elegische Gedichte.* Lat./dt. 167 S. UB 18131

Vergil, *Aeneis.* 421 S. UB 221 – *Aeneis.* 1. und 2. Buch. Lat./dt. 202 S. UB 9680 – *Aeneis.* 3. und 4. Buch. Lat./dt. 221 S. UB 9681 – *Aeneis.* 5. und 6. Buch. Lat./dt. 295 S. UB 9682 – *Bucolica / Hirtengedichte.* Lat./dt. 280 S. UB 18133 – *Georgica / Vom Landbau.* Lat./dt. 123 S. UB 638

Philipp Reclam jun. Stuttgart

Römische Literatur

IN RECLAMS UNIVERSAL-BIBLIOTHEK

Geschichtsschreibung

Augustus, *Res gestae / Tatenbericht.* Lat./griech./dt. 88 S. UB 9773

Caesar, *De bello Gallico / Der Gallische Krieg.* Lat./dt. 648 S. UB 9960 – *Der Bürgerkrieg.* 216 S. UB 1090 – *Der Gallische Krieg.* 363 S. UB 1012

Eugippius: *Vita Sancti Severini / Das Leben des heiligen Severin.* Lat./dt. 157 S. UB 8285

Livius, *Ab urbe condita. Römische Geschichte. 1. Buch.* Lat./dt. 240 S. UB 2031 – *2. Buch.* Lat./dt. 237 S. UB 2032 – *3. Buch.* Lat./dt. 263 S. UB 2033 – *4. Buch.* Lat./dt. 235 S. UB 2034 – *5. Buch.* Lat./dt. 229 S. UB 2035 – *21. Buch.* Lat./dt. 232 S. UB 18011 – *22. Buch.* Lat./dt. 256 S. UB 18012 – *Römische Geschichte. Der Zweite Punische Krieg.* I. Teil. 21.–22. Buch. 165 S. UB 2109 – II. Teil. 23.–25. Buch. 160 S. UB 2111 – III. Teil. 26.–30. Buch. 240 S. UB 2113

Nepos, Cornelius, *De viris illustribus / Biographien berühmter Männer.* Lat./dt. 456 S. UB 995

Sallust, *Bellum Iugurthinum / Der Krieg mit Jugurtha.* Lat./dt. 222 S. UB 948 – *De coniuratione Catilinae / Die Verschwörung des Catilina.* Lat./dt. 119 S. UB 9428 – *Historiae / Zeitgeschichte.* Lat./dt. 88 S. UB 9796 – *Die Verschwörung des Catilina.* 79 S. UB 889 – *Zwei politische Briefe an Caesar.* Lat./dt. 95 S. UB 7436

Sueton, *Augustus.* Lat./dt. 200 S. UB 6693 – *Caesar.* Lat./dt. 191 S. UB 6695 – *Nero.* Lat./dt. 151 S. UB 6692 – *Vespasian, Titus, Domitian.* Lat./dt. 136 S. UB 6694

Tacitus, *Agricola.* Lat./dt. 150 S. UB 836 – *Annalen I–VI.* 320 S. UB 2457 – *Annalen XI–XVI.* 320 S. UB 2458 – *Germania.* 80 S. UB 726 – *Germania.* Lat./dt. 112 S. UB 9391 – *Historien.* Lat./dt. 816 S. 8 Abb. u. 6 Ktn. UB 2721

Velleius Paterculus, *Historia Romana / Römische Geschichte.* Lat./dt. 376 S. UB 8566

Philipp Reclam jun. Stuttgart

Römische Literatur

IN RECLAMS UNIVERSAL-BIBLIOTHEK

Vermischte Prosa (ohne Seneca)

Antike Heilkunst. 250 S. UB 9305

Antike Weisheit. 255 S. Reclam Lesebuch

Apuleius, *Das Märchen von Amor und Psyche.* Lat./dt. 152 S. UB 486

Augustinus, *Bekenntnisse.* 440 S. UB 2792 – *De beata vita / Über das Glück.* Lat./dt. 109 S. UB 7831 – *De magistro / Über den Lehrer.* Lat./dt. 155 S. UB 2793 – *De vera religione / Über die wahre Religion.* Lat./dt. 231 S. UB 7971

Boethius, *Trost der Philosophie.* 189 S. UB 3154

Eugippius, *Vita Sancti Severini / Das Leben des heiligen Severin.* Lat./dt. 157 S. UB 8285

Marc Aurel, *Selbstbetrachtungen.* 188 S. UB 1241

Petron, *Satyricon.* 261 S. UB 8533

Plinius der Jüngere, *Briefe.* 76 S. UB 7787 – *Epistulae / Briefe.* Lat./dt. *1. Buch.* 96 S. UB 6979 – *2. Buch.* 96 S. UB 6980 – *3. Buch.* 96 S. UB 6981 – *4. Buch.* 96 S. UB 6982 – *5. Buch.* 94 S. UB 6983 – *6. Buch.* 109 S. UB 6984 – *7. Buch.* 104 S. UB 6985 – *8. Buch.* 104 S. UB 6986 – *9. Buch.* 110 S. UB 6987 – *10. Buch. Der Briefwechsel mit Kaiser Trajan.* 160 S. UB 6988 – *Sämtliche Briefe.* Geb. 925 S.

Quintilian, *Institutio oratoria X / Lehrbuch der Redekunst. 10. Buch.* Lat./dt. 160 S. UB 2956

Tacitus, *Dialogus oratoribus / Dialog über die Redner.* Lat./dt. 117 S. UB 7700

Tertullian, *De spectaculis / Über die Spiele.* Lat./dt. 120 S. UB 8477

Valerius Maximus, *Facta et dicta memorabilia / Denkwürdige Taten und Worte.* Lat./dt. 351 S. UB 8695
